EXERCÍCIOS DE BIOENERGÉTICA

Dados Internacionais de Catalogação na Publicação (CIP)
(Câmara Brasileira do Livro, SP, Brasil)

Lowen, Alexander
Exercícios de bioenergética: o caminho para uma saúde vibrante / Alexander Lowen e Leslie Lowen; [tradução de Vera Lúcia Marinho, Suzana Domingues de Castro]. – 8. ed. – São Paulo: Ágora, 1985.

Bibliografia
ISBN 978-85-7183-215-2

1. Ginástica medicinal 2. Psicoterapia bioenergética I. Lowen, Leslie. II. Título: O caminho para uma saúde vibrante.

17. CDD-616.891
18. -616.8914
17. e 18. -615.82
85-0001 NLM-WM420

Índices para catálogo sistemático:

1. Exercícios terapêuticos: Medicina	615.82 (17. e 18.)
2. Ginástica medicinal: Terapêutica	615.82 (17. e 18.)
3. Psicoterapia bioenergética	616.891 (17.) 616.8914 (18.)

EXERCÍCIOS DE BIOENERGÉTICA

O CAMINHO PARA UMA SAÚDE VIBRANTE

ALEXANDER LOWEN e LESLIE LOWEN

EDITORA
ÁGORA

EXERCÍCIOS DE BIOENERGÉTICA
O caminho para uma saúde vibrante

Tradução: **Vera Lúcia Marinho / Suzana Domingues de Castro**
Revisão técnica: **Maria Silvia Mourão Netto**
Foto da capa: **Philippe Girod**

1ª reimpressão

Editora Ágora
Departamento editorial:
Rua Itapicuru, 613 - 7º andar
05006-000 - São Paulo - SP
Fone: (11) 3872-3322
Fax: (11) 3872-7476
http://www.editoraagora.com.br
e-mail: agora@editoraagora.com.br

Atendimento ao consumidor:
Summus Editorial
Fone: (11) 3865-9890

Vendas por atacado:
Fone: (11) 3873-8638
Fax: (11) 3873-7085
e-mail: vendas@summus.com.br
Impresso no Brasil

Índice

PARTE I: BASES DA BIOENERGÉTICA

PARTE II: EXERCÍCIOS

PARTE I

BASES DA BIOENERGÉTICA

INTRODUÇÃO

O que é Bioenergética?

Bioenergética é uma maneira de entender a personalidade em termos do corpo e de seus processos energéticos. Esses processos, a saber, a produção de energia através da respiração e do metabolismo, e a descarga de energia no movimento, são as funções básicas da vida. A quantidade de energia que uma pessoa tem e como a usa determinam o modo como responde às situações da vida. Obviamente, uma pessoa pode enfrentá-las de forma eficiente, se tiver mais energia passível de ser livremente traduzida em movimento e expressão.

Bioenergética é também uma forma de terapia que combina o trabalho com o corpo e com a mente para ajudar as pessoas a resolverem seus problemas emocionais e melhor perceberem o seu potencial para o prazer e para a alegria de viver. A tese fundamental da bionergética é que corpo e mente são funcionalmente idênticos, isto é, o que ocorre na mente reflete o que está ocorrendo no corpo, e vice-versa. A relação entre esses três elementos, corpo, mente e processos energéticos, é melhor expressa pela fórmula dialética mostrada no diagrama da página seguinte.

Como todos nós sabemos, mente e corpo podem influenciar-se mutuamente. O que se pensa influencia o que se sente, e vice-versa. Esta interação, contudo, está limitada aos aspectos conscientes ou superficiais da personalidade.

Em nível mais profundo, ou seja, no nível do inconsciente, tanto o pensar quanto o sentir são condicionados

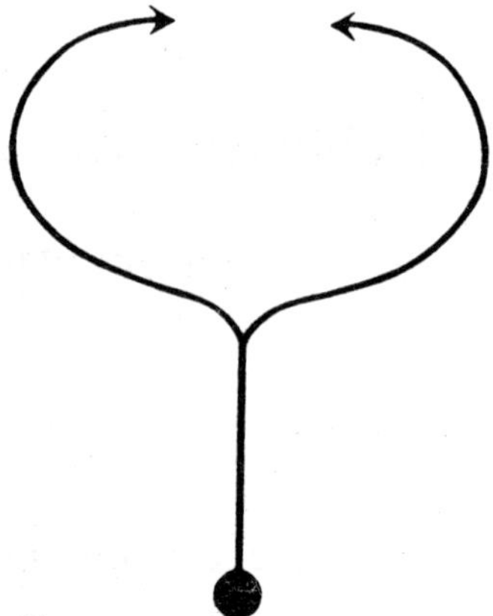

Fig. 1. Processos energéticos

por fatores de energia. Por exemplo, é quase impossível para uma pessoa deprimida emergir de sua depressão através de pensamentos positivos, pois seu nível de energia está rebaixado. Quando seu nível de energia for aumentado através da respiração profunda (sua respiração estava reduzida junto com todas as outras funções vitais) e as sensações e sentimentos forem liberados, a pessoa sairá do seu estado de depressão.*

Os processos energéticos do corpo estão relacionados ao estado de vitalidade do corpo. Quanto mais vigorosa a pessoa está, mais energia ela tem, e vice-versa. Rigidez ou tensão crônica diminuem a vitalidade da pessoa e rebaixam sua energia. Ao nascer, o organismo está em seu estado de maior vitalidade e fluidez; ao morrer, a rigidez é total, *rigor mortis*. Nós não podemos evitar a rigidez que vem com a idade. O que podemos evitar é a rigidez devida às tensões musculares crônicas, resultantes de conflitos emocionais não resolvidos.

Toda pressão (*stress*) produz um estado de tensão no corpo. Normalmente, a tensão desaparece quando a pressão é aliviada. Tensões crônicas, contudo, persistem após ter

* Veja *O Corpo em Depressão*, Summus Editorial, São Paulo, ed. 1980.

sido removida a pressão, que assumira a forma de uma atitude física inconsciente ou de um endurecimento muscular. Estas tensões musculares crônicas perturbam a saúde emocional através do decréscimo de energia do indivíduo, restringindo sua motilidade (ação espontânea e natural e movimento da musculatura), limitando sua auto-expressão. Torna-se necessário então aliviar esta tensão crônica, para a pessoa recuperar sua completa vitalidade e bem-estar emocional.

O trabalho bioenergético do corpo inclui tanto procedimentos manipulatórios como exercícios especiais. Os procedimentos manipulatórios consistem de massagem, pressão (*pressure*) controlada e toques suaves para relaxar a musculatura contraída. Os exercícios se propõem a ajudar a pessoa a entrar em contato com suas tensões e liberá-las através de movimentos apropriados. É importante saber que todo músculo contraído está bloqueando algum movimento. Estes exercícios foram desenvolvidos ao longo de mais de 20 anos de trabalho terapêutico com pacientes. São feitos em sessões de terapia, em aulas, ou em casa. As pessoas que fazem esses exercícios informam um efeito positivo sobre sua energia, humor e trabalho. Os autores o fazem regularmente para promover o seu próprio bem-estar. Onde quer que tenhamos introduzido estes exercícios, por exemplo, em *workshops* para profissionais, a resposta tem sido entusiástica. Somos constantemente solicitados a fornecer uma lista e uma descrição dos exercícios. Este livro é a nossa resposta a esta demanda.

Queremos enfatizar, inicialmente, que estes exercícios não são um substituto da terapia. Eles não resolverão problemas emocionais profundos, os quais, geralmente, requerem uma competente ajuda profissional. Muito freqüentemente, pessoas que não estão em terapia e fazem esses exercícios decidem que precisam de tal ajuda para trabalhar os problemas que alcançaram sua consciência durante o curso dos exercícios. Mas, esteja você ou não em terapia, a execução regular desses exercícios, o ajudará significativamente a aumentar sua vitalidade e sua capacidade para o prazer. Estes exercícios podem ajudá-lo a ganhar mais autoconhecimento com tudo que este termo implica. Eles farão isso através do (1) aumento do estado vibratório do seu corpo, (2) *grounding* das pernas e do corpo, (3) aprofundamento da respiração, (4) agudização da autoconsciência, e (5) ampliação da auto-expressão. Eles também podem melhorar sua aparência, intensificar sua sexualidade e promover sua autoconfiança. Contudo, eles são exercícios, não habilidades e muito depende do que você coloca neles. Se você os faz mecanicamente, irá conseguir pouco com eles. Se você os faz compulsivamente, os estará minimizando. Se você os faz competitivamente, não irá provar nada. Contudo, se você os faz com carinho, cuidado e interesse por seu corpo, os benefícios irão surpreendê-lo.

1

Vibração e motilidade

Como havíamos dito, bioenergética é um caminho vibrante para a saúde e o caminho para uma saúde vibrante. Por "saúde vibrante" nós não queremos significar meramente a ausência de doença mas a condição de estar totalmente vivo. Vibrantemente vivo é talvez uma expressão mais exata, já que a vibração é o elemento-chave da vitalidade. Aumentando o estado vibratório do corpo através destes exercícios, a pessoa é ajudada a atingir esta qualidade de saúde.

Um corpo sadio está em constante estado de vibração, quer desperto ou dormindo. Olhe uma criança dormindo e você verá tremores leves passando pela superfície de seu corpo. Você pode observar pequenos repuxões em diferentes partes, especialmente no rosto, mas também nos braços e pernas. Nós adultos também experienciamos algumas vezes esses tremores ou repuxões. Um corpo vivo está em constante movimento; só na morte ele está realmente parado. Esta motilidade inerente ao corpo vivo, que é a base de sua atividade espontânea, resulta de um estado de excitação interna que irrompe continuamente na superfície em movimento. Quando a excitação cresce, há mais movimento; quando diminui, o corpo torna-se mais inerte.

Como o estado vibratório do corpo aumenta de maneira coordenada, as ondas pulsatórias se desenvolvem e se espalham pelo corpo. Estamos familiarizados com essas ondas no batimento cardíaco que pulsa através das artérias e nos movimentos peristálticos do intestino, que são uma onda pulsatória. Mas nem sempre experimentamos as ondas pulsatórias que fluem no corpo todo em estado de total relaxamento ou de sensações intensas. No relaxamento completo, as ondas respiratórias atravessam o corpo em cada inspiração ou expiração. Em estados emocionais intensos, ondas de sensação espalham-se pelo corpo. Ondas pulsatórias semelhantes ocorrem no clímax do ato sexual. Usualmente, entretanto, nós não nos permitimos relaxar totalmente, respirar profundamente, ou sentir intensamente.

A vibração se deve a uma carga energética na musculatura e é análoga à vibração que ocorre num fio elétrico quando uma corrente passa por ele. A falta de vibração é uma indicação de que a corrente de excitação ou carga está ausente ou muito reduzida. Podemos ter uma imagem clara deste fenômeno, considerando o que ocorre num carro quando o motor é ligado. Assim que damos a partida o carro entra em forte vibração, que vai diminuindo até uma vibração normal. Esse nível de vibração continuará enquanto a máquina estiver em movimento. Se o motor parar enquanto o carro estiver em movimento, sentimos logo que ele deixou de funcionar pela ausência da vibração.

A qualidade de vibração de um carro ou de um corpo humano nos diz em que condições está. Quando um carro balança ou as vibrações são violentas sentimos que algo está errado. Num corpo, vibrações abruptas são sinal de que a excitação ou carga não está fluindo livremente. Assim como as corredeiras de um rio denotam que pedras ou outros obstáculos impedem o que, em outras circunstâncias, seria um suave curso, também vibrações abruptas denotam que a corrente de excitação está fluindo através de músculos espásticos ou cronicamente tensos. Quando as tensões são aliviadas ou o músculo relaxa, as vibrações tornam-se mais sutis, dificilmente perceptíveis na superfície e são então experienciadas como um delicioso ronronar. Mas é preferível tremer a não vibrar de jeito nenhum. E também existem condições em que o corpo treme devido a uma carga extremamente intensa. Por exemplo, trememos de raiva ou medo, nos agitamos em soluços, pulsamos com amor; mas, seja qual for a emoção, estamos plenamente vivos nestes momentos.

No decurso do trabalho bioenergético, o corpo da pessoa é levado a um estado de vibração através de exercícios descritos neste livro. O objetivo é manter as vibrações num nível estável e sutil quando a excitação aumenta ou a tensão cresce. De fato, aumenta-se a tolerância do corpo para a excitação e para o prazer. Para se chegar a isso, o ego deve estar seguramente ancorado no corpo, identificado com ele, e sem medo de acompanhar as respostas involuntárias do corpo. O resultado final é o de uma pessoa cujos movimentos e comportamentos têm um alto grau de espontaneidade, são coordenados e efetivos: a qualidade da graça natural.

Durante este processo, existe uma mudança correspondente no pensamento e nas atitudes da pessoa. Quando as vibrações atravessam o corpo em sua plenitude, a pessoa se sente conectada e integrada, como um todo. Muitos pacientes referiram a mesma reação. A sensação de unidade e integridade leva a uma sinceridade natural de pensamento e ação. Se uma pessoa desenvolve a graça corporal, desenvolve a correspondente atitude psicológica de ser graciosa. Tais pessoas não são apenas vibrantemente vivas, estão radiantemente vivas.

Análise bioenergética é o nome da terapia bioenergética. Na terapia bioenergética, a pessoa é levada a entrar em contato consigo mesma através do seu corpo. Usando os exercícios descritos neste livro, a pessoa começa a sentir como inibe ou bloqueia o fluxo de excitação no seu corpo; como limita sua respiração, restringe seus movimentos e reduz sua auto-expressão; em outras palavras, como ela diminui sua vitalidade. A parte analítica da terapia ajuda-a a entender o *porquê* dessas inibições e bloqueios, na maioria inconscientes, em termos de suas experiências infantis. Ela é ajudada e encorajada a aceitar e expressar os sentimentos suprimidos no contexto protegido da situação terapêutica.

O objetivo da terapia é um corpo cheio de vida, capaz de experienciar totalmente prazeres e dores, alegrias e tristezas da vida. Quanto mais vitais somos, mais toleramos um maior grau de excitação na nossa vida cotidiana e no sexo. A análise dos conflitos reprimidos, a liberação de sentimentos suprimidos e a dissolução das tensões e bloqueios musculares crônicos têm o propósito de aumentar a capacidade da pessoa para o prazer.

O prazer de estar totalmente vivo fundamenta-se no estado vibratório do corpo, sendo percebido na expansão e contração pulsáteis totais do organismo e em seus sistemas orgânicos componentes — respiratório, circulatório e digestivo, por exemplo. É sentido como sensações que fluem pelo corpo refletindo o fluxo da excitação. É a doce sensação de amolecimento, no desejo sexual, a nítida rapidez da intuição, o anelo de aproximação e contato, a pulsação do excitamento.

A atividade vibratória é, como já notamos, uma manifestação da motilidade inerente ao organismo, que também é responsável pelas ações espontâneas, pela liberação emocional e pelo funcionamento interno. Esta motilidade inerente não está sob controle do ego ou da vontade; é involuntária. Um corpo vitalizado vibra e pulsa. Naturalmente, ao envelhecermos, nosso corpo torna-se mais e mais estático até atingir a absoluta imobilidade da morte. Mas a perda prematura da motilidade é patológica. Isto acontece, por exemplo, quando nos deprimimos. A depressão é uma redução patológica do funcionamento vital do corpo, uma diminuição da motilidade, dos sentimentos, sensações e da responsividade.

Além destes movimentos involuntários, nós também fazemos muitos movimentos voluntários, conscientes ou semiconscientes, tais como andar, falar, comer etc. Num adulto saudável, os dois tipos de movimentos, voluntário e involuntário, estão estritamente coordenados para produzir um comportamento ao mesmo tempo harmônico e efetivo. É desta maneira que todos nós gostaríamos de ser. Mas a graça natural não pode ser aprendida. O que se aprende numa escola de modelos é como ser um manequim, não uma pessoa graciosa e vital. A pose pode parecer atraente numa imagem, mas dá a impressão de rigidez e desajeitamento na vida real, pois é conseguida às custas da motilidade do corpo. Só se pode atingir a graça aumentando a motilidade do corpo, e depois, fundindo-a com a autopercepção para atingir um alto grau de autoconhecimento. A marca da vivacidade e da graça da pessoa é seu autoconhecimento.

Um dos exercícios mais fundamentais na bioenergética é também o mais fácil e simples. Nós o usamos para iniciar as vibrações nas pernas e para ajudar a pessoa a senti-las. É também nosso exercício básico de *grounding.** Fazê-lo sem algum aquecimento preliminar pode resultar ou não em vibrações. Os jovens geralmente respondem rápido. Os mais velhos, cujos corpos estão menos carregados e mais rígidos, podem não experienciá-las. Entretanto suas pernas também podem vibrar depois de terem feito alguns dos outros exercícios que reduzem sua rigidez, aprofundam sua respiração e aumentam sua carga energética (quantidade de energia, excitação ou corrente, no corpo).

Exercício 1 / Exercício básico de vibração e "grounding"

Fique em pé com os pés separados cerca de 25 cm; artelhos ligeiramente voltados para dentro de modo a alongar alguns músculos das nádegas. Incline-se à frente tocando o chão com os dedos das duas mãos, como na fig. 2. Os joelhos devem estar ligeiramente dobrados. Não deve haver peso algum nas mãos; todo o peso do corpo deve cair nos pés. Deixe a cabeça pendurada o máximo possível.

---

* *Ground* em inglês significa chão, base. *Grounding,* ter base. *Grounded,* a pessoa que tem base. O termo é muito usado em linguagem bionergética designando o contato com o chão e, a partir desse contato, a conscientização do corpo embasado. Como não encontramos em português a tradução apropriada do termo, preferimos manter a expressão usada no original. (N.T.)

Fig. 2. Vibrando inclinado para frente

Respire vagarosa e profundamente pela boca. Atenção para manter a respiração (esqueça de respirar pelo nariz por enquanto).

Deixe o peso de seu corpo ir para a frente, de modo que ele caia no peito do pé. Os calcanhares podem ficar um pouco erguidos.

Estique os joelhos devagar até que os músculos posteriores das pernas estejam esticados. Isso não significa, entretanto, que os joelhos devam ficar totalmente esticados ou trancados.

Permaneça nesta posição cerca de um minuto.

1.º — Você está respirando com facilidade ou está prendendo a respiração? A vibração não ocorrerá se você parar de respirar.

2.º — Você percebe alguma atividade vibratória nas pernas? Se não, tente lentamente dobrar o joelho um pouco, e então endireite-o até a posição inicial. Faça isso algumas vezes para relaxar os músculos.

3.º — As vibrações são intensas ou sutis, suaves ou espasmódicas? Em alguns casos, as pessoas literalmente pulam do chão se não podem controlar a excitação. Isto lhe aconteceu?

Vamos pedir que você volte a este exercício depois de ler o próximo capítulo.

2

"Grounding" *

Você deve ter notado, se fez o exercício do capítulo anterior, que as vibrações nas suas pernas ocorrem quando você sente seus pés pressionarem o chão. A sensação de contato entre os pés e o chão é conhecida em bioenergética como *grounding*. Isto denota um fluxo de excitação através das pernas para os pés e chão. A pessoa está conectada com o solo e não "suspensa no ar" ou "em suspenso". Existem, logicamente, diferentes graus na sensação de contato com o chão, dependendo de quão intensamente o pé "toca" o chão. Isto varia largamente de pessoa para pessoa.

Estar *grounded* é uma outra maneira de se dizer que uma pessoa está com seus pés no chão. Pode-se estender o termo também para significar que a pessoa sabe onde está e portanto sabe quem é. A pessoa *grounded* "tem o seu lugar", isto é, "alguém". Num sentido mais amplo, o *grounding* representa o contato de um indivíduo com as realidades básicas de sua existência. A pessoa está firmemente plantada na terra, identificada com seu corpo, ciente de sua sexualidade e orientada para o prazer. Estas qualidades faltam à pessoa que está "suspensa no ar" ou na sua cabeça, em vez de estar em cima dos próprios pés.

O *grounding* implica em conseguir que a pessoa "deixe acontecer", fazendo seu centro de gravidade recair mais embaixo; implica em fazê-la sentir-se mais perto da terra.

---

*Vide N.T., cap. 1, p. 19.

O resultado imediato é que aumenta seu senso de segurança. Ela sente o chão sob si e seus pés se apoiando nele. Quando uma pessoa está altamente carregada ou excitada, sua tendência é ir para cima, voar, levantar vôo. Nessas condições, apesar da sensação da excitação, ou elação, há sempre um elemento de ansiedade e perigo, a saber, o perigo de cair. Isto é igualmente válido quando se está fora do chão como num avião. Sua resolução se dá quando a pessoa volta a salvo para o solo, física ou emocionalmente.

A direção descendente é o caminho para o prazer, da liberação ou descarga. É o caminho para a satisfação sexual. As pessoas que têm medo desse deixar acontecer são bloqueadas em sua habilidade de entrega total à descarga sexual e não conseguem experimentar a total satisfação orgástica. Deixar-se levar significa deixar acontecer, pois estamos inconscientemente nos mantendo suspensos todo o tempo. Temos medo de cair, medo de falhar e, portanto, medo dc deixar acontecer e de nos entregarmos a nossos sentimentos.

Mabel Elsworth Todd em sua obra *The Thinking Body*, publicada primeiramente em 1937, fez esta observação: "O homem tem-se tornado absorvido pelas porções superiores de seu corpo, atrás de objetivos intelectuais e no desenvolvimento de habilidades manuais e verbais. Isto, além de falsas noções relativas à aparência e à saúde, transferiu o senso de poder da base para o topo de sua estrutura. Neste uso da parte superior do corpo para reações de poder, ele inverteu o costume animal e perdeu em grande extensão tanto a refinada acuidade sensorial animal quanto seu controle de poder, centralizado nos músculos espinais e pélvicos inferiores." *

Num sentido amplo, o *grounding* pretende ajudar a pessoa a se tornar mais totalmente identificada com sua natureza animal, que evidentemente inclui a sexualidade. A

---

* Mabel Elsworth Todd, *The Thinking Body* (Nova York: Paul B. Hober, Inc., 1937), p. 160. Reeditado por Danie Horizons, Inc., Nova York.

metade inferior do corpo é de natureza muito mais animal em suas funções (locomoção, defecação e sexualidade) do que a superior (pensamento, fala e manipulação do ambiente). Aquelas são mais instintivas e menos submetidas ao controle consciente. Mas é em nossa natureza animal que residem as qualidades de ritmo e graça. Qualquer movimento que flui livremente da parte inferior do corpo tem tais qualidades. Quando nos puxamos para cima e para longe da metade inferior do corpo, perdemos muito de nosso ritmo e graça naturais.

Este deslocamento ascendente pode ser invertido através dos exercícios de *grounding* propostos na bioenergética. À medida que o centro da gravidade do corpo desce para a pelve e em que os pés servem de suporte energético, a pessoa pode sentir-se centrada na parte inferior do abdômen.

A importância de se estar centrado na parte inferior do abdômen ou barriga, é reconhecida pela maioria dos orientais. Os japoneses, por exemplo, têm uma palavra, *hara*, que significa barriga e também a qualidade de ser uma pessoa centrada nesta região. O ponto exato, de acordo com Durckheim, é 5,5 cm abaixo do umbigo. Se a pessoa está centrada neste ponto diz-se que ela tem *hara*, isto é, está equilibrada psicológica e fisicamente. A pessoa equilibrada é calma e tranqüila; todos os seus movimentos são feitos sem esforço e sabiamente. Durckheim escreveu: "Quando uma pessoa possui *hara* totalmente desenvolvido, tem a força e a precisão para desempenhar ações que de outra forma nunca atingiria nem mesmo com a mais perfeita técnica, a mais acurada atenção ou a maior força de vontade. Somente o que é feito com *hara* tem êxito total".* As disciplinas Zen de arte de atirar com flechas, de fazer arranjos de flores e a cerimônia do chá são destinadas a ajudar a pessoa a atingir *hara*.

A maioria dos ocidentais são centrados na parte superior do corpo, principalmente na cabeça. Reconhecemos a

---

* Karlfried Durckeim, *Hara, The Vital Center of Man* (Londres: George Allen & Unwin. Ltd., 1962), p. 46.

cabeça como o foco do ego, o centro da consciência e do comportamento voluntário. Em contraste, o centro inferior ou pélvico onde *hara* reside é o centro para a vida inconsciente ou instintiva. Digamos que é o centro animal do homem, como o sugere Todd. Quando percebemos que não mais de 10% de nossos movimentos são conscientemente dirigidos e que 90% são inconscientes, a importância deste centro torna-se evidente.

Uma analogia tornará isto claro. Pense num cavalo e seu cavaleiro. O cavaleiro com o controle consciente de direção e velocidade funciona como o ego; o cavalo provê o centro inferior, o poder e a base segura para levar o cavaleiro onde ele queira ir. Se o cavaleiro ficar inconsciente, o cavalo na maioria dos casos o levará para casa a salvo. Mas se o cavalo falhar, o cavaleiro estará virtualmente em apuros. O melhor que ele poderia fazer seria andar até seu destino.

O ventre é literalmente o assento da vida. O corpo se senta na bacia pélvica. Através da pelve, o indivíduo tem contato com os órgãos sexuais e as pernas. É também na barriga que o indivíduo é concebido, e da barriga ele desce e emerge para a luz do dia. A perda de contato com este centro vital desequilibra a pessoa e produz ansiedade e insegurança.

Existem dois mandamentos que, se observados, o ajudarão a tornar-se e permanecer *grounded*. O primeiro é manter os joelhos discretamente flexionados todo o tempo. Trancar os joelhos, quando se está de pé, torna toda a parte inferior do corpo, dos quadris para baixo numa estrutura rígida que funciona então como suporte mecânico ou meio mecânico de locomoção, impedindo o indivíduo de fluir para a parte inferior do corpo e identificar-se com ela.

Os joelhos são os responsáveis por absorver os choques do corpo. Quando uma pressão (*pressure*) é exercida no corpo de uma pessoa, os joelhos se flexionam permitindo que a força seja transmitida através do corpo, até o chão.

Se os joelhos estão trancados, a força fica congestionada na região lombar das costas, produzindo uma condição de pressão (*stress*) que resultará num distúrbio de coluna lombar. Somos sempre alertados a manter os joelhos flectidos quando levantarmos peso e deixarmos de perceber que as pressões (*pressures*) psicológicas são equivalentes aos pesos físicos para o corpo. Se tentarmos suportar tais pressões (*pressures*) com os joelhos trancados sobrecarregamos a região lombar das costas.*

Exercício 2 / Flexão dos joelhos

Fique de pé com os pés separados cerca de 20 cm, na sua posição normal. Observe se seus joelhos estão trancados ou flectidos, se seus pés estão paralelos ou virados para fora, se o seu peso está caindo no peito do pé ou atrás, nos calcanhares.

Agora dobre ligeiramente seus joelhos. Coloque os pés absolutamente paralelos. Leve o peso para a frente sem levantar os calcanhares, de modo que caia no peito do pé.

Devagar, dobre e estique os joelhos seis vezes, e depois fique nesta posição cerca de 30 segundos respirando normalmente.

Você sente esta posição como antinatural? Se você sentir assim, é porque não tem ficado em pé do modo certo.

Suas pernas tremeram? Sentiu-se inseguro sobre elas?

Você sentiu melhor seus pés sobre o chão?

Você está consciente da flexibilidade que os joelhos proporcionam quando não estão trancados ou rigidamente tensionados?

---

* Uma discussão mais ampla da dinâmica da pressão (*stress*) encontra-se no livro *Bioenergética*, também de Alexander Lowen, Summus Editorial, São Paulo, 1982.

O segundo mandamento é deixar a barriga solta. Muita gente acha isto difícil de fazer, pois isto, inicialmente, viola a imagem que tem do que é uma postura correta ou de boa aparência. Sofreram uma lavagem cerebral com o axioma da postura apropriada: "barriga para dentro, peito para fora, ombros para cima". Talvez esta postura seja apropriada para um soldado que tem de funcionar como um autômato, mas é o exemplo máximo da rigidez, negando à pessoa autonomia, espontaneidade e sexualidade. A barriga "chupada" para dentro dificulta e muito a respiração abdominal e força a pessoa a inflar excessivamente o peito para conseguir ar suficiente. A superinflação contínua do peito é um dos fatores responsáveis pelo enfisema. No próximo capítulo, descreveremos mais completamente os padrões de respiração mais saudáveis ou corretos. Como veremos, a mesma depende de uma musculatura abdominal relaxada.

Para manter o abdômen contraído para dentro e os ombros levantados, despendemos muita energia para lutar contra nossa natureza animal básica. E isso não levará a nada, apesar de todo o cansaço. Se alguém lhe ordenar que ande com a mão direita para cima como a Estátua da Liberdade, para simbolizar a liberdade, você considerará tal pose como um esforço desnecessário. Isto é igualmente válido para qualquer postura forçada ou obrigada. É uma sobrecarga assumir qualquer atitude corporal que requeira esforço, desnecessária e desgastante que só serve para criar uma imagem.

Deixar a barriga solta parece ofender especialmente as mulheres. Consideram-na desleixo, sentem-se pouco atraentes. Sua imagem de beleza feminina é a da coelhinha *Play-boy*, com a barriga rigidamente contraída para dentro e o busto projetado à frente. Supõe-se que isto seja sexualmente excitante para os homens. Talvez o seja para alguns, para aqueles que têm medo de, ou são repelidos por uma mulher com barriga na qual vêem a figura da mãe. Entretanto a barriga é indicativa de uma mulher madura; e a sua ausência, a de uma menina adolescente. O apelo sexual de uma adolescente existe para um adolescente (seja qual for sua idade), não para um homem.

O fato é que a barriga "chupada" intercepta todas as sensações sexuais pélvicas, aquelas deliciosas sensações de amolecimento e entrega que transformam o sexo, de mero desempenho e descarga, em expressão de amor. O que na realidade muitas mulheres sentem ao deixar a barriga solta, é que isto é sexual demais. Soltar, "desleixar" significa perder e perder implica em mulher perdida. Na época vitoriana, as mulheres usavam espartilho para conter sua sexualidade; elas não podiam, literalmente, ser vistas como mulheres perdidas. Apesar de havermos rejeitado o espartilho físico, adotamos o psicológico, que é até mais eficaz pois não pode ser retirado quando o desejamos.

Muitos homens também não querem deixar a barriga solta. Eles temem que se torne um grande "pote", confessadamente não atraente. Mas quando se olha para uma pessoa com barriga saliente percebe-se que esta também não está solta; está fortemente contraída e os músculos da parede abdominal estão retesados e espásticos. Há um anel constritor, na altura do umbigo ou da crista pélvica. O ventre salienta-se acima desse anel constritor, que funciona como uma represa, impedindo o fluxo descendente de sensações e excitação. A energia na forma de gordura se empilha sobre a represa, produzindo a barriga bojuda tão comum nos homens de meia-idade. Com o tempo, a tensa musculatura abdominal tende a ceder, aumentando a saliência.

As figuras seguintes mostram como o ventre cria essa saliência. A fig. 3 mostra a postura de barriga naturalmente solta de uma pessoa adulta. Na fig. 4, a saliência se desenvolve como resultado do represamento do fluxo de excitação descendente, pela tensão na parede abdominal inferior. Na fig. 5, a saliência se transformou numa pança quando os músculos abdominais superiores se enfraquecem e perdem a elasticidade ante a pressão da saliência.

Se a represa puder ser aberta, isto é, se o anel de tensão puder ser solto, a saliência irá lentamente desaparecer. Eu vi isto acontecer em muitos homens, mas só se a pessoa se tornar consciente de sua constrição e tensionamento.

O que surpreende é a maioria das pessoas não conseguirem soltar a barriga. A retenção tornou-se parte de seu modo de ser e não pode ser superada facilmente. Quando tentam se soltar (o abdômen inferior), percebem que houve uma soltura apenas discreta. Então, logo que sua atenção se dirige para outra coisa, "chupam" a barriga para dentro de novo. O mesmo acontece com os joelhos trancados. Pode-se mantê-los levemente dobrados quando se está consciente deles, mas logo são trancados de novo quando não se está pensando neles. Leva-se um bom tempo de prática para eliminar estes maus hábitos.

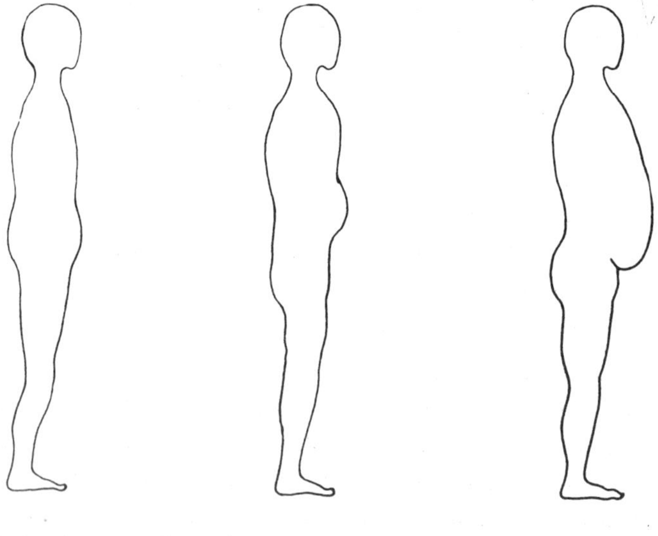

Fig. 3. Barriga normal Fig. 4. Barriga saliente Fig. 5. Pança

Exercício 3 / Soltar a barriga

De pé, com os pés separados 20 cm e tão retos quanto possível, dobre um pouco os joelhos. Sem levantar os calcanhares do chão, deslize para frente de modo que o peso do seu corpo fique no peito do pé. Permaneça com o corpo reto mas não retesado (veja fig. 3). Agora deixe que a barriga se solte (abdômen inferior) tanto quanto possa ir. Respire normalmente por um minuto.

O propósito deste exercício é permitir que você sinta as tensões na parte inferior do corpo.

Você consegue soltar a barriga?

Ela fica solta ou você acha que ela volta para dentro de novo?

Esta postura faz você se sentir "desleixado" ou "solto"?

Você sente suas pernas trêmulas? Você tem medo de que elas não o mantenham de pé?

Seus movimentos respiratórios se estendem até o abdômen inferior? Você está respirando na barriga?

Exercício 4 / Arco

Este exercício é parecido com o precedente, exceto por exercer certa pressão (*stress*) no corpo para ampliar mais a respiração e para colocar mais força nas pernas. Se for feito corretamente, ajuda a liberar a tensão abdominal que torna a barriga saliente. Um exercício similar é feito pelos praticantes de T'ai chi.*

---

* T'ai chi é um programa de exercícios chineses que vem sendo praticado há séculos na China. Almejam o *grounding* da pessoa e fornecer-lhe um senso de harmonia com o universo. Há semelhança entre esses exercícios e os da bioenergética. Estes últimos têm um enfoque mais específico para aliviar determinados problemas.

A dinâmica da posição em arco é melhor explicada em meu livro *Bioenergética*.

Fique de pé com os pés separados 40 cm, os artelhos virados ligeiramente para dentro.

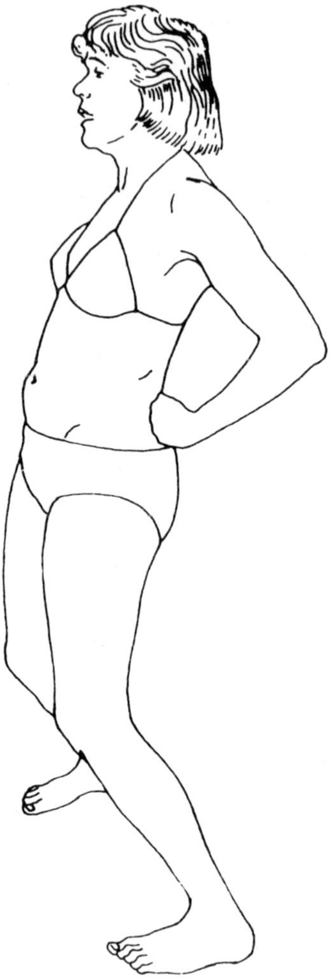

Fig. 6. Arco

Agora coloque ambos os punhos fechados com os polegares voltados para cima, na linha da cintura.

Dobre os joelhos tanto quanto puder sem levantar os calcanhares do chão.

Arqueie-se para trás, dobre seus punhos, mas preste atenção para que o peso do corpo continue sobre o peito dos pés. Faça respiração abdominal profunda.

Você sente algum esforço na região lombar das costas? Se sentir, isto indica que você tem considerável tensão nesta parte do corpo.

Você sente alguma espécie de dor ou tensão na parte anterior das coxas, ou acima dos joelhos? Se suas pernas estão descontraídas, você não deverá sentir esforço algum, exceto nos tornozelos e pés, que suportam o peso do corpo.

Suas pernas estão começando a vibrar?

Você é capaz de manter um arco perfeito? Suas nádegas estão empinadas para trás ou empurradas para frente? Em ambos os casos você interrompeu o arco e sua energia e sensações não fluirão completamente até seus pés.

Repita o exercício 1 — Exercício básico de vibração e *grounding.*

Todos os exercícios em que a pessoa se arqueia para trás, tanto na posição de arco como sobre o banco de bioenergética (veja Cap. 10), são regularmente seguidos por um outro em que a pessoa se dobra para a frente. Isto não somente alivia a pressão (*stress*) e aumenta a flexibilidade do corpo como também promove a descarga da excitação produzida no exercício precedente. As vibrações nas pernas são tais descargas.

Repita o exercício descrito no capítulo precedente à pág. 19 (fig. 2). Dobre-se para frente e deixe as pontas dos dedos tocarem o chão sem colocar nenhum peso neles. Comece com os joelhos dobrados e depois, *lentamente,* vá esticando as pernas até sentir as vibrações começarem. Não tranque seus joelhos forçando-os para trás, pois isto imobiliza suas pernas.

Respiração normal e profunda.

Fique nesta posição por 1 minuto, mais ou menos.

Você sente as vibrações em suas pernas?

Elas estão mais fortes do que quando você fez o exercício anterior?

Levante o corpo até a posição ereta, com os joelhos levemente dobrados. Relaxe como no primeiro exercício desta série, deixando a barriga solta e respirando normalmente.

Suas pernas ainda estão vibrando?

Como você sente seus pés em relação ao chão? Você se sente mais conectado ao chão ou com mais *grounding*, como nós dizemos?

Você está mais consciente de suas pernas ou pés? Você os sente mais presentes?

Grounding é a chave do trabalho bioenergético. Se você estiver bem *grounded*, seu corpo estará naturalmente equilibrado, ereto e firme. Sua energia fluirá livremente. Você poderá inclusive notar que seus olhos estão vendo mais claramente e sua visão melhorou.

O *grounding* está intimamente relacionado à respiração, como você já deve ter observado durante os exercícios. Quanto mais você se deixa interiormente acontecer, mais profunda é sua respiração. É importante, entretanto, estar consciente do seu padrão respiratório e aprender como você "se segura" para não expirar livre e completamente. Isto será o assunto do próximo capítulo.

3

Respiração

A boa respiração é essencial a uma saúde vibrante. Através da respiração, conseguimos o oxigênio para manter aceso o fogo do nosso metabolismo, e isto nos assegura a energia de que precisamos. Mais oxigênio cria um fogo mais quente e produz mais energia.

Muitos de nós porém estamos cientes da importância da respiração, e a bioenergética não se concentra muito em exercícios respiratórios. Se pedimos a você para estar consciente de sua respiração, é apenas para ajudá-lo a tornar-se apto a respirar mais fácil, profunda e *naturalmente*, sem estar consciente disso. O nosso foco se dirige para ajudá-lo a perceber e liberar as tensões que o impedem de respirar naturalmente. A respiração não é normalmente uma coisa da qual deveríamos estar conscientes. Um animal ou uma criança pequena respiram corretamente e não precisam nem de instrução nem de ajuda para fazê-lo. Os adultos, no entanto, tendem a apresentar padrões desorganizados de respiração, devido a tensões musculares crônicas, que distorcem e limitam sua respiração. Essas tensões são o resultado de conflitos emocionais que se desenvolveram ao longo do seu crescimento.

Exercícios de respiração ajudam um pouco, mas não fazem nada para reduzir a tensão e restaurar o padrão respiratório natural. É preciso entender esses padrões de respiração natural e saber por que eles se desorganizam;

é preciso aprender como liberar as tensões que desviaram o padrão respiratório do seu natural.

O padrão de respiração relaxada (quando a pessoa não se encontra em estado de grande esforço ou forte emoção) é para baixo e para cima na inspiração (inalação de ar). O diafragma se contrai e desce, permitindo a expansão dos pulmões quando eles inflam. Esta é a direção de menor resistência para a expansão dos pulmões. O abdômen se alarga através de um movimento para fora das paredes do mesmo, para dar espaço ao movimento descendente dos pulmões. A contração do diafragma também levanta as costelas inferiores, cujo movimento é acompanhado pela contração dos músculos intercostais (aqueles que ligam uma costela a outra). O peito também se expande para fora neste processo, mas a respiração relaxada é predominantemente abdominal, não tanto torácica. Nesta respiração, a pessoa toma o máximo de ar para um mínimo de esforço.

A respiração saudável é uma ação do corpo todo; todos os músculos do corpo estão envolvidos, em algum grau. Isto é especialmente verdadeiro para os músculos pélvicos profundos que giram suavemente a pelve para trás e para baixo durante a inspiração, para alargar o ventre, e então giram-na para frente e para cima, a fim de diminuir a cavidade abdominal durante a expiração. Este movimento da pelve para frente é auxiliado pela contração dos músculos abdominais. A expiração, contudo, é um processo basicamente passivo, melhor exemplificado por um suspiro.

Estes movimentos pélvicos são ilustrados na fig. 7 pág. 41, que acompanha um exercício de respiração, no qual você será solicitado a girar a pelve para perceber o efeito deste movimento na respiração.

Nós devemos pensar em movimentos respiratórios como ondas. A onda inspiratória começa fundo na pelve e flui para cima, até a boca. À medida que vai subindo, as cavidades largas do corpo se expandem para sugar o ar. Estas cavidades incluem o abdômen, o tórax, a garganta e a boca. A garganta é especialmente importante: a menos que a expanda na inspiração, a pessoa não pode respirar fundo. Num número excessivo de pessoas, contudo, ela está severamente contraída ou comprimida para abafar sensações e sentimentos, particularmente a vontade de chorar e gritar. É muito comum no trabalho bioenergético acontecer que, após a pessoa ter chorado bastante, sua respiração se torne mais profunda e fácil. Permitir-se soluçar libera a tensão na garganta e também abre o ventre.

A onda expiratória começa na boca e flui para baixo. Quando ela alcança a pelve, esta estrutura move-se suavemente para a frente, como já foi mencionado. A expiração induz ao relaxamento de todo o corpo. Você libera o ar retido nos pulmões e, neste processo, libera toda e qualquer outra retenção. As pessoas que têm medo de se soltar apresentam dificuldades para uma expiração. Mesmo depois de uma expiração forçada, seu peito permanece um pouco inflado.

O peito inflado é uma defesa contra o sentimento de pânico, o qual está relacionado ao medo de não ser capaz de conseguir ar suficiente. Quando uma pessoa nestas condições deixa o ar sair totalmente, ela experiencia um pânico momentâneo, ao qual reage inalando mais ar e inflando novamente o peito. O peito inflado retém uma larga reserva de ar, como medida de segurança. A pessoa tem medo de sair desta segurança ilusória. Por outro lado, as pessoas que têm medo de ir ativamente ao encontro do mundo, têm dificuldade em inspirar. Elas podem se sentir aterrorizadas ao abrirem suas gargantas para uma inspiração profunda. É uma boa norma, para a execução destes exercícios, não forçar sua respiração. Veja o que você pode realizar sem se forçar.

Existe um outro padrão respiratório que entra em jogo quando a necessidade de oxigênio é urgente, por exemplo, numa atividade muito vigorosa. Neste caso, os músculos do tórax são mobilizados e todo o peito torna-se ativamente engajado nos movimentos respiratórios. Este padrão é sobreposto ao primeiro, de forma que a pessoa está agora respirando com a barriga e com o tórax; como resultado, sua respiração é mais profunda e mais *plena*. Em ambos os padrões, toda a parede do corpo parece mover-se como se fosse uma única peça, embora nós possamos ver as ondas respiratórias fluindo para cima e para baixo.

Estes padrões sofrem distúrbios quando uma parte do corpo se move em oposição a uma outra. Em algumas pessoas, quando o peito se expande na inspiração, a barriga está contraída para dentro. Isto produz um grave distúrbio; apesar do considerável esforço envolvido na expansão do tórax rígido, a pessoa obtém pouco ar, já que o movimento descendente dos pulmões está bloqueado. Em vez de respirar para dentro e para fora, a pessoa está agora respirando para cima e para baixo, com pouca expansão das cavidades do corpo. Mais comumente, os movimentos respiratórios estão limitados à área do diafragma, com pouco envolvimento do abdômen ou tórax. Esta é uma típica respiração superficial. Algumas vezes acontecem certos movimentos abdominais, mas o peito mantém-se rigidamente contido.

No capítulo anterior, atribuímos o ventre contraído a uma inibição sexual. Mas a barriga é também contraída e contida para suprimir sentimentos de tristeza. Contraímos nossa barriga para dentro para controlar nossas lágrimas e soluços. Se nós a soltássemos, estaríamos sujeitos a ter uma verdadeira crise de choro sacudido. Mas, no caso, nós também abrimos a porta à possibilidade de uma verdadeira gargalhada de sacudir. Seja chorando ou rindo, é na barriga que nós experienciamos a vida a um nível visceral. É aqui que a vida é concebida e desenvolvida; é aí que os nossos mais profundos desejos têm origem Se você deseja suprimir seus sentimentos, mantenha a barriga tensa. Mas, neste caso, precisará aceitar o fato de não ser uma pessoa vibrantemente viva. E se você reclamar de um vazio interno, deveria perceber que você está bloqueando sua própria plenitude de ser.

Lágrimas são como a chuva que cai do céu e um bom choro é como uma tempestade que limpa o ar. Chorar é o modo básico de liberar tensão, como qualquer pessoa pode ver observando um bebê que explode no choro quando suas frustrações criam uma tensão insuportável. Nunca ninguém precisa se envergonhar de chorar, pois no fundo somos todos bebês. Considerando a dor que muitos de nós experienciamos na vida e todas as frustrações às quais estamos continuamente sujeitos, todos nós temos boas razões para chorar. Chorar é tão terapêutico que, se uma pessoa deprimida puder chorar, sua depressão será imediatamente aliviada.

A respiração também está vinculada à voz. Para produzir um som, você precisa deslocar o ar através da laringe. E durante a emissão de um som pode-se ter certeza da respiração. Infelizmente muitas pessoas são inibidas para emitir um som alto. Algumas são vítimas do adágio segundo o qual crianças devem ser vistas, mas não ouvidas. Outras, sufocaram seu choro e seus gritos, pois tais expressões encontraram uma reação hostil dos pais. Sufocar estes sons produz uma severa constrição na garganta, que limita seriamente a respiração. Por estas razões, as pessoas em terapia bioenergética e em aulas de exercício são encorajadas a vocalizar ou emitir um som prolongado enquanto fazem exercícios ou respiram. Um som claro ressoando no corpo causa uma vibração interna similar às vibrações que induzimos na musculatura.

Existem dois outros mandamentos no trabalho bioenergético. Não prender sua respiração. Deixe-se respirar. Não queremos que você force a respiração, mas realmente queremos que você se perceba quando não está respirando. Se você tornar-se consciente de que está prendendo sua respiração, dê um suspiro. O outro mandamento é emitir um som. Permita-se ser ouvido. Se você der um suspiro, faça-o audível. Muitas pessoas desenvolveram problemas porque, quando crianças, eram severamente advertidas a ficarem quietas. Esta negação de seu direito de uso da própria voz pode tê-las levado à imagem de pessoas sem voz ativa em seus próprios assuntos.

Agora pedimos que você faça alguns exercícios simples, para aprender como é seu próprio padrão de respiração. Ao fazer esses exercícios, permita-se gemer ou resmungar, quando sentir que estão sendo pesados ou dolorosos. Você irá descobrir que emitir um som irá diminuir tanto a pressão (*stress*) quanto a dor.

Exercício 5 / Respiração abdominal

Deite-se no chão, sobre um tapete. Dobre os joelhos. Seus pés devem ficar totalmente apoiados no chão, separados uns 30 cm; artelhos ligeiramente voltados para fora. Alongue a cabeça para trás tanto quanto ela possa ir confortavelmente, para abrir a garganta. Coloque ambas as mãos na barriga, sobre os ossos pubianos, para que você possa sentir os movimentos abdominais. Respiração abdominal normal, com boca aberta, por um minuto mais ou menos.

Você sentiu sua barriga subindo a cada inalação e descendo a cada exalação?

Seu peito se moveu em harmonia com seu abdômen ou estava rígido? Tente deixá-lo seguir o movimento de sua barriga.

Você sentiu alguma tensão em sua garganta?

Exercício 5-A / Variação — Balanço da pelve

Agora, balance a pelve suavemente para trás, em cada inspiração, e traga-a para a frente na expiração, como mostram as figuras 8 e 9. Faça isso respirando, durante 1 minuto.

Você sentiu que os movimentos pélvicos aumentam a profundidade de sua respiração e a amplitude dos movimentos abdominais?

Você pode achar que esta respiração produz sensações de formigamento, em suas mãos ou em outras partes do corpo, conhecidas como parestesias. Você também talvez perceba suas mãos entrando em cãibras. Ambos os sintomas são sinais de hiperventilação. Se se tornarem fortes, apenas pare o exercício e eles desaparecerão. Não são perigosos, mas suas mãos talvez desenvolvam um espasmo que às vezes é doloroso.

Hiperventilação é super-respiração. Você inspirou e expirou mais ar do que normalmente, em condição de descanso. Bioenergeticamente, diríamos que seu corpo está com uma sobrecarga. Após fazer estes exercícios por algum tempo, você notará que a mesma quantidade de respiração não irá resultar em nenhum outro sintoma. Quando seu corpo estiver habituado a um nível mais profundo de respiração, você não estará mais sobrecarregado. As parestesias também desaparecerão se alguma emoção irromper: se você começar a chorar, o formigamento desaparecerá imediatamente, pois você terá descarregado a excitação.

Exercício 5-B / Variação — Expiração

Esta variação irá ajudá-lo a sentir o quão plenamente você consegue deixar o ar sair de seus pulmões. Deixar o ar sair é equivalente a "deixar acontecer".

Deite na mesma posição do exercício 5, emita um som moderadamente alto, como um "ah" e mantenha o som tanto quanto agüentar, sem forçar. Quando parar, respire normalmente e comece de novo. Faça este exercício quatro ou cinco vezes e observe se a cada vez você consegue manter o som por mais tempo.

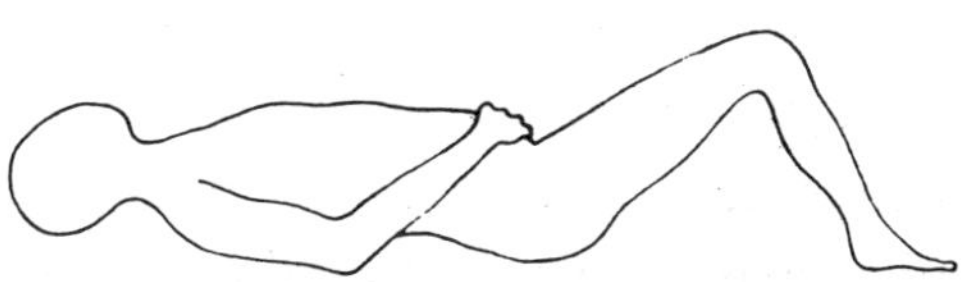

Fig. 7. Respiração abdominal

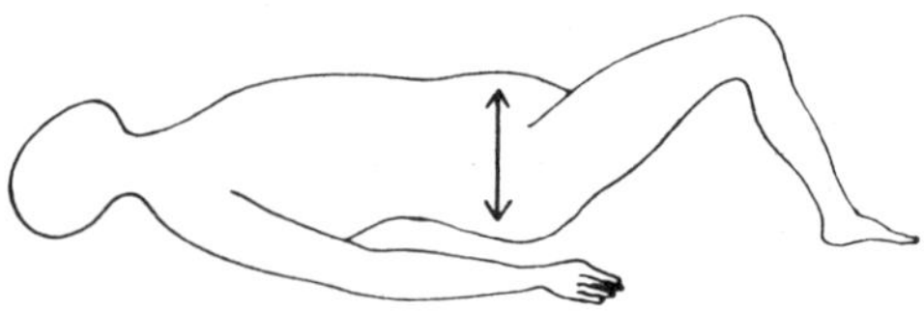

Fig. 8. Respiração abdominal — inspiração (barriga para fora, pelve para trás)

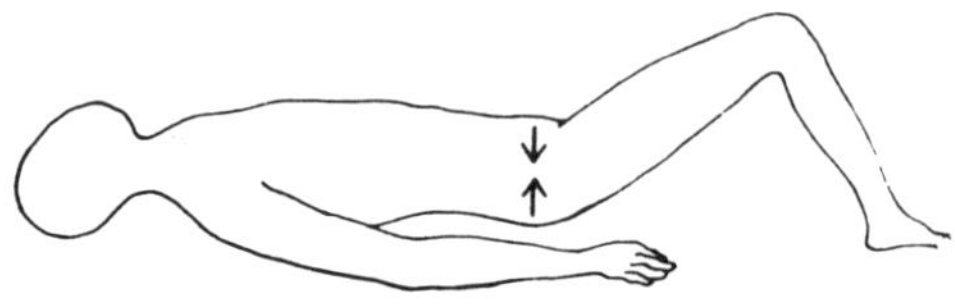

Fig. 9. Respiração abdominal — expiração (pelve para frente, barriga para dentro)

Cuidado para não forçar o som. Forçar o som ou a respiração apenas contrai mais sua garganta e produz tensão.

Talvez você descubra que sua voz começa a tremer ao final do som. Você talvez comece a soluçar. Isto é certo. Deixe acontecer e chore à vontade, se o choro surgir espontaneamente. Chorar ajudará sua respiração mais do que qualquer outro exercício.

Exercício 6 / Respiração e vibração

Aqui está outro exercício que irá ajudá-lo a respirar mais espontaneamente. Enquanto você estiver deitado no chão, coloque suas pernas para cima, no ar. Seus joelhos devem estar levemente flexionados. Dobre os tornozelos e empurre para cima, pelos calcanhares.

Suas pernas devem começar a vibrar.

Mantenha suas pernas vibrando com os calcanhares projetados para cima.

Perceba que sua respiração vai se tornando mais profunda. Veja fig. 10.

Sua barriga estava tensa? Você conseguiu soltá-la? Você pode conseguir isto mantendo suas nádegas contra o chão.

Perceba também que sua respiração estava desencadeada pelas vibrações das pernas.

Após fazer este exercício por um minuto, coloque os pés de volta no chão, em posição de descanso. Como está sua respiração agora?

Após estes exercícios de respiração, observe o quanto você relaxou. Faça estes três exercícios respiratórios simples em qualquer momento que você sinta necessidade de se soltar e relaxar. Eles tomarão cinco minutos no máximo.

Fig. 10. Vibração — pernas para cima

A importância da respiração não pode ser superestimada. A respiração está tão intimamente ligada à vida que tem sido identificada com o espírito vital. De acordo com a Bíblia, Deus ao criar Adão tomou um punhado de lama e nele soprou a vida. Os gregos usam a mesma palavra, *pneuma*, para respiração e espírito. Nos ensinamentos de ioga, a força vital que anima todas as vidas é chamada prana. A principal fonte de prana para o ser vivo é o ar. Através da respiração, nós absorvemos prana para dentro de nossos corpos. O discípulo de ioga faz exercícios especiais para controlar e regular sua respiração de forma que possa armazenar prana. Estes exercícios são chamados pranaiama e são a base do sistema hataioga. "Respirar é viver", diz um velho provérbio sânscrito, "e se você respira bem, viverá muito tempo na terra".*

Contudo existe uma diferença entre a respiração do ioga e a da bioenergética. Nosso objetivo não é dar-lhe uma experiência religiosa ou mística, mas ajudá-lo a ter mais vitalidade e a conscientizar-se mais de si e do outro. O nosso enfoque, portanto, recai sobre a respiração natural. a respiração que é fácil, profunda e espontânea. Não se trata de fazer você respirar, mas de deixar que você respire. Todo distúrbio da respiração natural é devido a padrões inconscientes de contenção ou tensões musculares. Talvez você não respire plenamente por medo de eventualmente explodir num grito. Se este é o seu problema, descubra um local isolado e faça-o, deixe-o sair. Um carro numa rodovia é um excelente lugar para gritar; ninguém jamais o ouvirá. Gritar é uma técnica antiga de liberação. Senhoras vitorianas a conheciam muito bem. E ainda funciona milagrosamente.

* S. Yesudian e E. Haich, *Yoga and Health* (Nova York: Harpen & Bros, 1953, p. 79).

4

Sexualidade

A bioenergética fundamenta-se no princípio de que sendo o organismo uma unidade, a saúde é também um conceito unitário. Isto significa que existe uma identidade entre saúde física e mental, entre saúde emocional e sexual. A unidade do organismo pode ser descrita como um círculo. Cada aspecto de sua saúde está relacionado a outro e reflete sua saúde total.

Uma ruptura na unidade do círculo, em qualquer ponto, provocará um desvio na integridade do organismo e afetará sua saúde em todos os níveis. Assim, por exemplo, problemas e ansiedades sexuais irão afetar seriamente a saúde física, emocional e mental da pessoa. O mesmo pode ser verdade se existir um distúrbio de qualquer outro aspecto. O efeito é sempre total.

Para entendermos este conceito, devemos pensar na saúde em termos positivos. A saúde física é vista como mais do que a ausência de sintomas debilitantes. Manifesta-se num corpo bonito e gracioso, vibrantemente vital, não apenas livre de doença. Tal corpo indica o funcionamento de uma mente calma e clara na qual não existem conflitos reprimidos. Similarmente, a saúde emocional é definida positivamente: é ter pleno domínio das próprias faculdades e de toda a vasta gama dos próprios sentimentos. Naturalmente, esta definição inclui a habilidade para sentir e expressar plenamente a própria sexualidade e a capacidade de experienciar o prazer desta expressão. Esta será nossa definição de saúde sexual. Basicamente, ser vibrantemente vital pode equivaler à capacidade de ter prazer e alegria de viver.

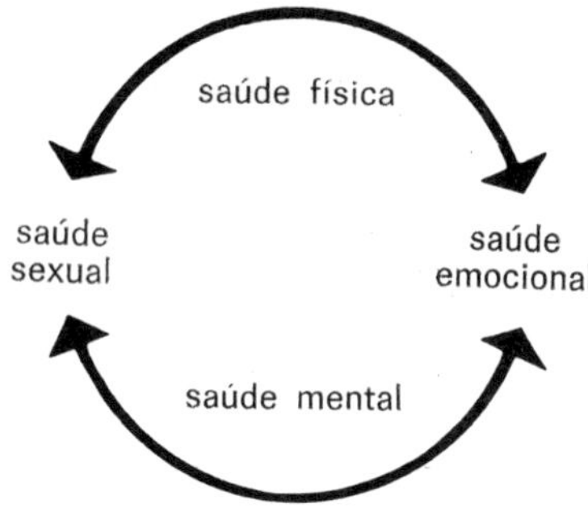

Fig. 11. Unidade do organismo

Num capítulo anterior, mencionamos que uma das razões de se manter a barriga contraída é controlar e limitar as sensações sexuais. Esta contração também restringe seriamente a respiração e reduz a sensação de estar *grounded.* Se alguém procura ser vibrantemente vital, a pelve deve ser liberada e o fluxo de sensações sexuais deve estar desobstruído. Portanto, o modo como a pessoa conserva sua pelve é um objeto de estudo tão importante quanto o modo como esta pessoa mantém sua cabeça.

O distúrbio pélvico mais comum é o encolhimento das nádegas. Aqui a pelve é puxada para a frente e as nádegas são mantidas tensas, como um cão surrado, com o rabo encolhido entre as pernas. Como resultado, a região lombar das costas fica bastante ereta e a curva normal lombar encontra-se eliminada (fig. 13). Um efeito desta postura é uma grande presão (*stress*) sobre a área lombossacral, terço inferior da coluna. Esta pressão (*stress*) pode ser sentida se a pessoa se encolher numa cadeira dura, de espaldar reto, com as nádegas para a frente. A pressão é sentida na região inferior das costas e no abdômen. É imediatamente aliviada se as nádegas forem colocadas para trás e a pessoa sentar-se ereta. Por outro lado, a pessoa pode encolher-se numa espreguiçadeira porque o peso do corpo está distribuído ao longo de toda a região das costas e coxas. A maioria dos casos de problemas na região lombar que já vi ocorrem em pessoas com nádegas encolhidas e o terço inferior das costas ereto. Contudo, em qualquer pessoa cuja pelve é mantida imóvel tanto para a frente quanto para trás, existe uma predisposição a dores lombares. Desde que estas duas posturas criam, em si mesmas, uma considerável tensão nos músculos da região inferior das costas, a pessoa estará em dificuldades quando se vir sob uma pressão (*stress*) adicional, seja de natureza física ou emocional.

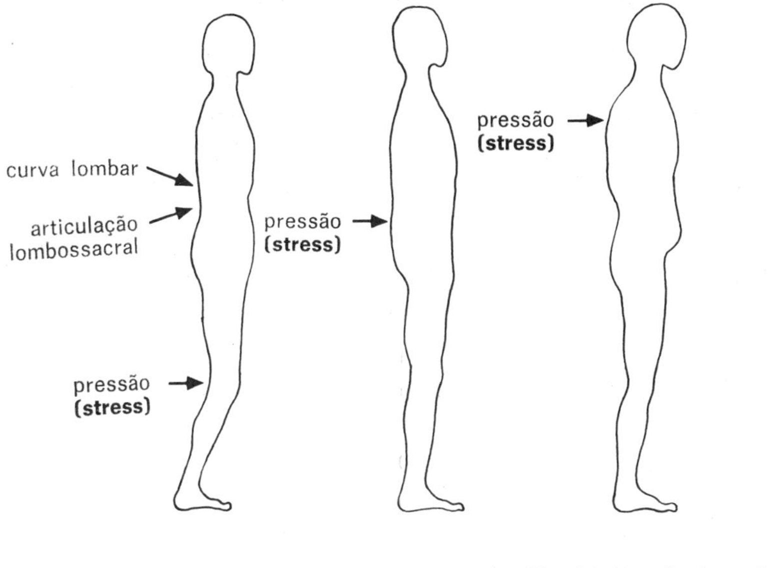

Fig. 12. Pressão (*stress*) normal

Fig. 13. Pressão (*stress*) na parte inferior das costas

Fig. 14. Pressão (*stress*) na parte superior das costas

As três figuras seguintes ilustram os diferentes pontos de tensão de acordo com a postura do corpo.

A figura 12 mostra um alinhamento saudável do corpo. Note que o peso do corpo é levado para a frente, sobre o peito dos pés. O corpo está equilibrado porque a pelve está ligeiramente puxada para trás, porém mantém-se solta. Note também que os joelhos estão flectidos, o que lhes possibilita funcionar como absorventes de choques em qualquer situação de pressão (*stress*). Nesta postura, a pressão (*stress*) de gravidade e as pressões (*stresses*) da vida são transmitidas através das vértebras para a pelve e através dos ossos pélvicos para as articulações do quadril. Uma vez que as pernas estão adequadamente alinhadas com o corpo (o que ocorre quando os artelhos estão apontados diretamente à frente e os joelhos centrados sobre os pés), o peso do corpo mais qualquer pressão (*stress*) adicional passa através das pernas para os pés e chão. Este deslocamento da pressão (*stress*) para as pernas pode acontecer apenas quando a pelve está inclinada para trás.

Na fig. 13, o encolhimento das nádegas e o trancamento dos joelhos focalizam a pressão (*stress*) sobre a região lombar, criando uma predisposição a distúrbios nesta área. Note que o peso do corpo está sobre os calcanhares. O corpo inclina-se para trás, numa posição passiva.

Na fig. 14, a pressão (*stress*) é levada para a parte superior das costas, o que causa uma saliência nesta área. A cabeça está inclinada para a frente e a região lombar apresenta uma curvatura exagerada, chamada lordose. Pode-se dizer de uma pessoa com essa estrutura que ela está carregando alguém em suas costas.

O que a pelve inclinada para trás tem a ver com o sexo? Quando a pelve está para a frente, está em posição de descarga. Isto significa que qualquer sensação sexual que a pessoa tenha fluirá diretamente para os genitais, órgãos de descarga. Quando a pelve é mantida para trás, porém descontraída, está em posição de ser carregada. Está pronta para ser preenchida com sensações sexuais. Pode-se traçar uma analogia com o gatilho de um revólver; para trás, o gatilho está empinado e pronto para disparar; para a frente, é descarregado. Da mesma forma acontece com uma pessoa ou animal. Quando o animal mantém sua cauda para cima, está expressando entusiasmo e excitação. A pessoa neste estado poderia ser descrita por "olhinhos brilhantes" e "rabo abanando". Em outras palavras, ele ou ela está "aceso(a)".

Estamos falando aqui de sensações sexuais, não apenas de excitação genital. A barriga ou baixo ventre é o reservatório de sensações sexuais. Quando a pelve é mantida para a frente e a barriga contraída, esta função de reservatório fica largamente perdida. Já que as pessoas não podem no momento "conter" sensações sexuais, suas únicas escolhas são ou "atuar", quer dizer, procurar a liberação sexual do jeito que puder, ou, quando isso for impossível, eliminar o sentimento. Isto se faz prendendo a respiração e imobilizando a pelve. Como resultado, a pessoa não está sexualmente viva e tem de ser "ligada"; está sem *grounding* em sua natureza sexual.

Um corpo sexualmente vivo é caracterizado por um balanço livre da pelve. Isto significa que a pelve move-se espontaneamente, que não está sendo empurrada, ou movendo-se aos trancos, nem sendo fixada (fixar a pelve é usado por pessoas cujos movimentos pélvicos não estão livres). Observamos antes que a pelve se move espontaneamente a cada respiração; para a frente, na expiração, e para trás, na inspiração. Ela também se move livre e facilmente a cada passo que damos. Observe o modo como andam as nativas do Caribe ou das ilhas dos Mares do Sul para ver o belo gingado do quadril, que é parte de sua graça natural. O homem também anda com uma soltura similar de quadril, embora seja menos visível. Em contraste, as pessoas de nossas mais sofisticadas culturas andam de maneira inflexível, com as nádegas contraídas.

Estes exercícios não vão livrá-lo dos problemas sexuais que possa ter. Isto é tarefa para a terapia. Memórias sexuais reprimidas, datadas da infância, devem ser recobradas e os sutis relacionamentos sexuais que existem entre pais e filhos devem ser postos a descoberto. Mas estes exercícios não apenas ajudam a terapia; são essenciais à mesma. Não é suficiente livrar a pessoa das ansiedades sexuais da sua mente; é também necessário livrar seu corpo da tensão e restaurar a mobilidade de sua pelve. E isto só pode ser feito através de uma abordagem física.

Para ser efetiva, a abordagem física deve envolver o corpo todo. Deverá começar com alguma atividade vibratória nas pernas. Cedo ou tarde, esta irá subir, incluindo a pelve. Em seguida, é importante desenvolver a sensação de ser/estar *grounded,* uma vez que a sexualidade adulta está relacionada ao senso de independência e de manter-se sobre os próprios pés. O estar *grounded* dá à pessoa a sensação de independência e maturidade que torna sua expressão sexual uma atividade responsável de seu ser total. Finalmente, a respiração de um indivíduo tem de ser aberta e aprofundada até a região abdominal, de forma que os movimentos pélvicos se tornem coordenados com as ondas respiratórias. Isto permite ao corpo todo participar da resposta orgástica.

Por fim, é muito importante não contrair as nádegas. Isto se faz trazendo para cima o soalho pélvico e encolhendo o ânus. Estas tensões representam medo de "deixar acontecer", de, se o fizermos, defecar ou fazer sujeira. Originárias do treino infantil para o controle esfincteriano, estas tensões são agora inconscientes e bloqueiam a entrega total à descarga sexual. Nos próximos exercícios e em todos os seguintes, pedimos a você que tente deixar soltar o soalho pélvico e descontrair o ânus, como se você estivesse indo ao banheiro. Você não irá fazer sujeira. O esfíncter interno do ânus permanece fechado. Ele abre apenas quando existe matéria fecal para ser evacuada. Se você tem qualquer ansiedade neste aspecto, faça seus intestinos funcionarem primeiro.

Exercício 7 / Rotação dos quadris

Neste ponto, talvez você queira tentar um exercício simples para testar sua responsividade sexual e sentir suas tensões pélvicas.

Fique em pé, com os pés separados mais ou menos 30 cm, retos e paralelos, joelhos ligeiramente flectidos e o peso de seu corpo sobre o peito dos pés. Os ombros devem estar para baixo, o peito solto, a barriga para fora. Coloque as mãos no quadril. Nesta posição tente lentamente girar seu quadril num círculo, da esquerda para a direita. O movimento deve ocorrer principalmente na pelve e envolver o terço superior do tronco e as pernas apenas ao mínimo.

Depois de meia dúzia de círculos da esquerda para a direita, inverta a direção e faça o mesmo número de círculos, da direita para a esquerda. Veja a fig. 15.

Você estava prendendo sua respiração? Tente coordenar a respiração com o movimento.

A sua barriga se contraiu? Se sim, você estava eliminando as sensações sexuais. Tente deixar seu abdômen solto.

Você conseguiu manter o ânus aberto e o soalho pélvico relaxado? Você esqueceu estas partes?

Você conseguiu manter seus joelhos flectidos?

Você conseguiu manter o peso sobre os pés ou ficou instável?

Você sentiu qualquer dor ou tensão na parte inferior das costas ou das coxas? Estas regiões, na maioria das pessoas são muito tensas.

Não queremos implicar a ausência de quaisquer tensões ou problemas sexuais com facilidade. O inverso, contudo, é verdadeiro. Se você não pode fazer este exercício facilmente, com certeza você tem um problema. Neste, como em outros exercícios, o critério importante é se a pessoa teve *grounding*. Se não teve, o balanço pélvico mostra a falta de uma tonalidade emocional. Para entender melhor isto, considere o que acontece com uma corda de violão que está solta de um lado. Se ela for vibrada, se moverá, mas o movimento não produz um som musical. Isto acontece apenas quando a corda está firme dos dois lados e com uma tensão adequada.

Exercício 8 / Arco das costas e balanço da pelve

Existe outro exercício sexual que pode trazer mais claramente à consciência suas tensões pélvicas e lombares.

Deite-se no chão com os joelhos dobrados, de forma que seus pés fiquem paralelos e completamente apoiados no chão. Arqueie a região inferior das costas e pressione suas nádegas contra o chão; enquanto isso, inspire inflando a barriga o máximo possível. Depois expire e permita a rotação da pelve para a frente, pressionando os pés suavemente para baixo de forma que a pelve seja discretamente suspensa. Em seguida, inspire de novo e balance a pelve para trás, arqueando e pressionando as nádegas contra o chão. Faça este exercício durante quinze a vinte respirações. Sua respiração deverá ser lenta. Veja fig. 16.

Quando sua pelve veio para a frente, a sua barriga se contraiu? Se isso aconteceu você está suspendendo a pelve com seus músculos abdominais em vez de usar os pés e os músculos das coxas.

Você estava espremendo suas nádegas quando a pelve veio para a frente? Se isso aconteceu, você eliminou sensações em suas nádegas; tente mantê-las descontraídas.

Você deixou de sentir os seus pés no chão, todo o tempo? Se os seus pés perdem contato com o chão, sua pelve não estará livre nestes movimentos.

Você pôde sentir os movimentos respiratórios na sua pelve? A coordenação de movimentos pélvicos e respiratórios não é fácil de conseguir.

Você se sentiu embaraçado ou envergonhado ao fazer estes movimentos sexuais? Esta é uma boa oportunidade para explorar sua atitude em relação ao sexo. Por toda nossa sofisticação sexual atual, a maioria das pessoas tem uma profunda sensação de vergonha em reconhecer a própria sexualidade em movimentos pélvicos ondulantes e soltos.

Devido à predominância da passividade subjacente e da tensão na região inferior do corpo, é muito comum as pessoas puxarem ou empurrarem a pelve para a frente, em lugar de deixá-la mover-se livremente na articulação dos quadris. Para puxar a pelve para a frente é preciso contrair

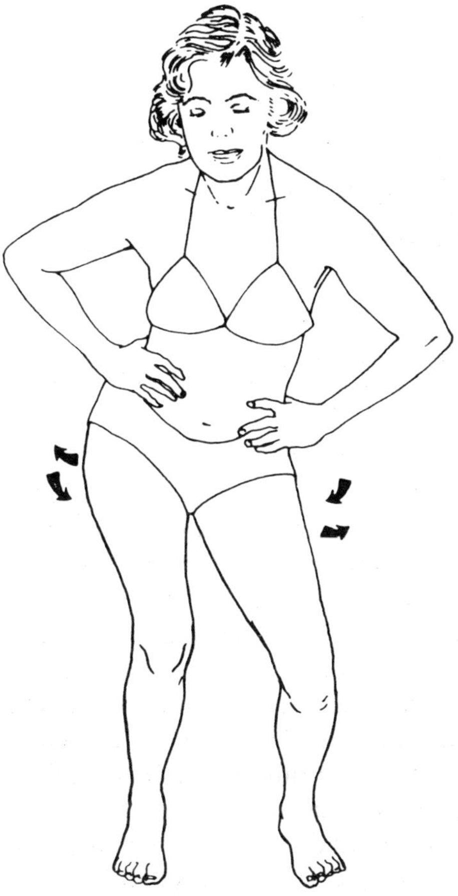

Fig. 15. Balanço dos quadris

os músculos abdominais; para empurrá-la para a frente é preciso contrair as nádegas. Ambas as ações reduzem a sensação sexual e bloqueiam o movimento pélvico involuntário, que deveria ocorrer no clímax do ato sexual.

Se a pelve começa a mover-se espontaneamente durante estes exercícios, você desenvolverá aí algumas sensações muito agradáveis. Contudo você não terá um orgasmo. Os órgãos genitais não se tornarão excitados a menos que você deliberadamente fantasie um encontro sexual. No entanto

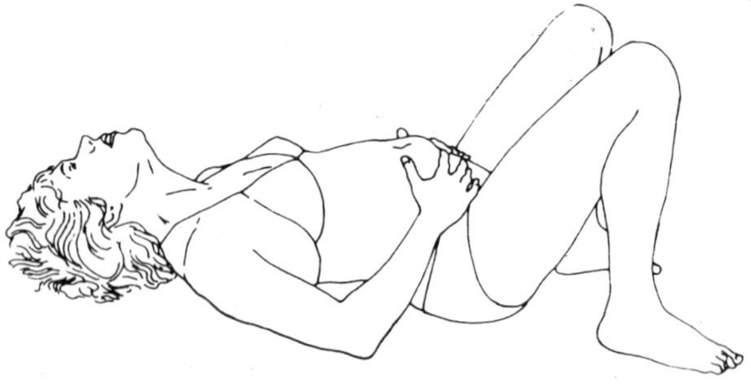

Fig. 16. Movimentos pélvicos e respiração

isto não é recomendável na medida em que você focalizará atenção nos genitais e desviará sua atenção do que está acontecendo em sua pelve. Quando este exercício é feito em classe ou em sessão de terapia, a excitação genital raramente acontece. Você pode querer saber o que fazer, contudo, no caso de ficar genitalmente excitado durante este exercício em casa. Não haverá objeção se, na privacidade de sua casa, você quiser se masturbar. É uma atividade normal, que ajuda a pessoa a aceitar e descobrir prazer em sua própria sexualidade. Mas o propósito destes exercícios não é o de estimular sensações genitais.

Em bioenergética, acreditamos que as sensações e os sentimentos podem ser conscientemente contidos ou expressos, dependendo das circunstâncias da situação. A sua excitação genital irá diminuir e desaparecer quando você começar outro exercício. *Sentimentos não têm de ser expressos ou demonstrados através de atuação.** Nós estamos interessados em alcançar a habilidade de expressar

* O grifo não faz parte da obra original. Pareceu importante às tradutoras enfatizar esta colocação do autor na medida em que se refere a um dos pontos básicos da teoria bionergética proposta por Lowen, no que se refere à liberação ou contenção de sentimentos. (N.T.)

nossos sentimentos e sensações, mas, quando ou quão bem o faremos, depende de uma determinação consciente da adequação de nossos atos na situação. O desenvolvimento do controle *consciente* de nossos sentimentos é um importante fator de autoconhecimento.

O sentido do eu do indivíduo está ancorado em sua sexualidade. Ansiedade sexual, culpa ou insegurança enfraquecem este ancoradouro e minam a força do ego do indivíduo. Para consolidar o próprio ego de forma positiva é necessário trabalhar seus problemas sexuais. Mas também é igualmente necessário trabalhar diretamente os problemas do ego, envolvidos em funções egóicas tais como autoconhecimento e auto-expressão.

5

Autoconhecimento e auto-expressão

A bioenergética, como outras terapias, pretende ajudar a pessoa a desenvolver um melhor senso do eu, isto é, a ser mais ela própria. O eu, entretanto, não é uma qualidade abstrata, mas a totalidade do funcionamento desta pessoa. O eu não pode ser separado da auto-expressão, porque é nas atividades expressivas que nós o percebemos. Todavia, ao contrário do que muita gente pensa, não é necessária a via consciente para tentar expressar este eu. A maior e mais importante parte de nossa auto-expressão é inconsciente. Um movimento gracioso, um brilho nos olhos de alguém, o tom de voz, uma vivacidade e vibração gerais, expressam mais o que somos, do que palavras ou ações. Entretanto, estas qualidades não podem ser cultivadas deliberadamente pelas pessoas. São manifestações de saúde física e emocional.

Se uma pessoa está bloqueada na sua habilidade de expressar sensações e sentimentos, estará amortecendo seu corpo e reduzindo sua vitalidade. Em terapia, devem ser encontrados caminhos para ajudar essa pessoa a tornar-se livre para poder expressar seus sentimentos e sensações, É muito comum vermos pessoas incapazes de chorar, que não podem esbravejar, que têm medo de mostrar medo, que não podem pedir ajuda, que não ousam protestar. Algumas podem chorar com facilidade mas não, mostrar raiva; com outras, dá-se o contrário.

Os exercícios bioenergéticos dão oportunidade às pessoas para praticarem e se familiarizarem com a expressão dos sentimentos e sensações numa situação controlada. Isto não é um procedimento de encontro, pois a expressão dos sentimentos não está sendo dirigida a nenhuma outra pessoa.

Mas quando uma pessoa é encorajada a expressar seus sentimentos e sensações num exercício apropriado, ela também está sendo ajudada a adquirir controle consciente de sua expressão. O propósito deste controle não é inibir ou limitar a sensação ou o sentimento, mas tornar sua expressão efetiva, econômica e apropriada. Uma explosão histérica pode ser considerada uma expressão de sentimentos, mas é em geral um desperdício de energia, relativamente ineficaz. Não é realmente uma forma de auto-expressão porque irrompe contra a intenção consciente da pessoa. Não é dirigida pelo ego. Denota falta de autoconhecimento e resulta, muitas vezes, em uma diminuição do eu.

O autoconhecimento denota a habilidade de responder apropriadamente a uma situação. Não se atira com um canhão num coelho e é igualmente inadequado ficar enfurecido diante de uma irritação mínima. A consciência do momento oportuno é de igual importância. Quando agir e quando falar são tão críticos quanto o que se faz ou diz. Alguns reagem depressa demais; são impulsivos e têm falta de refreamentos conscientes que caracterizam uma pessoa com autoconhecimento. Outros reagem devagar demais, geralmente muito depois da situação ter passado. Estabilidade implica em perceber bem a oportunidade.

Todos nós admiramos pessoas estáveis; estão prontas para agir e têm controle de si próprias. Estabilidade, pois, é sinônimo de autoconhecimento, a sutil coordenação entre sentir e agir, entre movimentos involuntários ou espontâneos e voluntários ou deliberados, entre o ego e o corpo.

A estabilidade se desenvolve pelo aumento da coordenação de uma pessoa em todas as suas ações expressivas. Quando uma pessoa faz um movimento, a totalidade do corpo deve estar incluída, independente de quão restrito ou amplo seja o movimento. Se alguma parte do corpo fica, em algum grau, fora do movimento a pessoa está descoordenada. Ela sentirá então falta de estabilidade.

Vamos sugerir um exercício que o ajudará a avaliar seu grau de auto-expressão e autoconhecimento. É *espernear,* que expressa a idéia de protesto. Além do mais, envolve a parte inferior do corpo, que em muitas pessoas é passiva. Se você tiver alguma dificuldade para se identificar com esta ação, pense em alguma injustiça que você tenha experimentado. Qualquer um nesta cultura tem algo por que espernear.

Exercício 9 / Espernear

Deite-se numa cama, preferivelmente de colchão macio e que não tenha borda. Ou você poderá usar um colchonete de espuma de borracha de 10 cm de espessura sobre o chão. Estique as duas pernas. Mantenha-as soltas com os joelhos estendidos mas não rígidos; esperneie levantando as pernas para cima e para baixo ritmicamente. Seus tornozelos devem estar soltos também, e o impacto deve ser sentido nos calcanhares e barriga da perna. Esperneie moderadamente no início, e gradualmente vá aumentando a força e o andamento de seus movimentos. Finalmente, segure nos lados do colchão e esperneie com toda a força e o mais rápido que puder.

A ação de espernear se parece com o movimento cortante de uma chicotada. Se você está coordenado, sua cabeça sacudirá para cima e para baixo a cada movimento de espernear.

Se você está com medo de deixar-se levar (medo de soltar a cabeça), seus movimentos serão apenas mecânicos. Veja a fig. 17, na página seguinte.

Você parou abruptamente os movimentos ou deixou que eles fossem se esgotando? Parar abruptamente é como frear o carro repentina e violentamente e indica um medo de deixar que o movimento alcance um término natural.

Seus joelhos ficaram dobrados de modo que os impactos atingiram só os calcanhares? Este tipo de movimento resulta de uma tensão excessiva dos músculos posteriores das pernas (tendão de jarrete).

Claro que você estará sem fôlego no fim. É um exercício bem violento. Você ficou em pânico com a perda da respiração? Ficou tonto no fim? Tanto o pânico como a tontura passarão quando você voltar a respirar tranqüilamente.

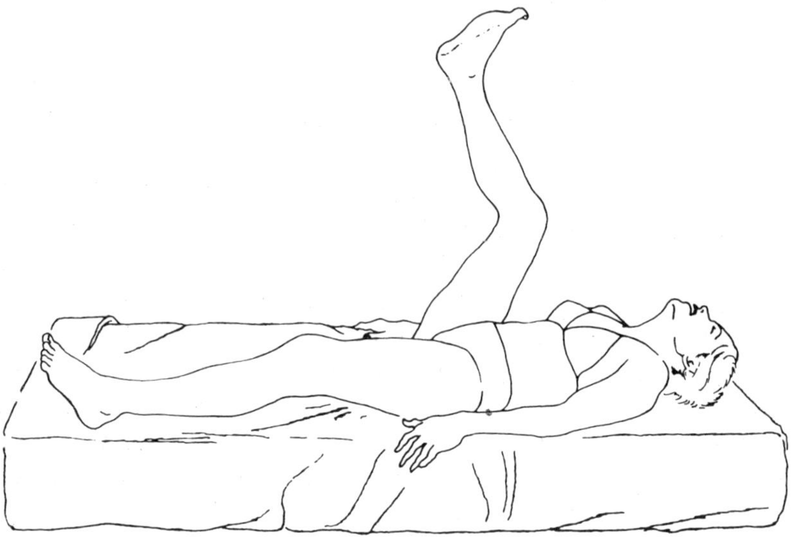

Fig. 17. Espernear

Exercício 10 / Dizer "não" enquanto esperneia

Para tornar o exercício mais forte, tente dizer "não" enquanto esperneia. O "não" deve se manter tanto quanto possível e ser repetido diversas vezes durante o exercício. Agora você está esperneando um protesto forte.

Sua voz estava forte e cheia ou fraca e hesitante?

Usar a voz requer uma coordenação maior. Este exercício foi mais difícil para você?

Você ficou assustado com o som de sua voz?

Quando foi a última vez que você esperneou assim?

Se este exercício o aborrece não o repita imediatamente. O exercício é muito forte para você. Deixe que aos poucos vá se tornando mais intenso e desenvolva coordenação e expressão, trabalhando mais lenta e uniformemente. O procedimento por nós recomendado é fazer este exercício regular mas tranqüilamente, enfatizando a ritmicidade e a soltura do movimento.

Exercício 11 / Desenvolver o poder de espernear

Faça o mesmo exercício sem o uso da voz e com intensidade moderada. Esperneie cinqüenta vezes no colchão e veja quão soltos e rítmicos estão seus movimentos.

Se suas pernas cansam, ou você perde a respiração antes de chegar a cinqüenta (contando a batida de cada perna como 1), comece com vinte e cinco ou trinta.

Cada dia tente aumentar cinco ou dez movimentos de espernear a mais, até atingir cem.

Quando você sentir facilidade em espernear cem vezes de uma vez, tente aumentar para cento e cinqüenta. Depois tente duzentas vezes. Quando você for capaz de espernear duzentas vezes direto, estará construindo tanto um vigor constante quanto a coordenação.

Continuando a fazer este exercício, você perceberá que ele se torna mais fácil e que você estará ganhando mais liberdade na parte inferior de seu corpo. Você está retomando a posse das partes do seu corpo que estavam amortecidas anteriormente.

Mais adiante, no capítulo referente a exercícios de expressão, descreveremos outras ações expressivas tais como socar, esticar-se para alcançar, olhar e outros. Existem também outros tipos de espernear que usam o corpo de maneiras diferentes e que podem ajudar a promover a própria coordenação e o próprio autoconhecimento. Antes de você se dedicar a essa parte, não deixe de ler as palavras de precauções e os conselhos no cap. 7.

6

Estar em contato

Uma das características da vitalidade é a qualidade de estar em contato. Você pode perguntar, em contato com o quê? Em contato com tudo que é captado pela sensopercepção do indivíduo. Estar em contato é estar atento ao que está acontecendo dentro de você e ao seu redor. É muito diferente de ter conhecimento; o conhecer é uma atividade mais intelectual do que perceptiva.

Todo sentir começa com o sentido de si próprio, isto é, do próprio corpo. Através disto, a pessoa percebe o que está acontecendo no ambiente, à medida que o ambiente exerce influência sobre nossos corpos e sentidos. Quanto mais cheia de vitalidade a pessoa, mais afiados são os sentidos e mais aguçadas as suas percepções. Você nunca notou o quanto tudo fica mais claro e mais preciso quando você está se sentindo muito bem? Similarmente, quando você está deprimido, tudo parece cinza e confuso. O caminho para uma sensibilidade intensificada consiste no aumento da vitalidade, mas isto também funciona ao contrário. Se a capacidade de sentir é limitada ou estreita, diminui a vitalidade da pessoa.

Um dos principais objetivos destes exercícios bioenergéticos é ajudá-lo a sentir ou a entrar em contato com seu corpo. Isto é necessário porque muitas pessoas vivem, em suas cabeças, com uma consciência muito pequena do que está se passando abaixo de seus pescoços. Elas não se dão conta de quanto prendem sua respiração, ou se ela está superficial ou profunda. Muitas pessoas não sentem suas pernas e pés. Sabem que estão lá, mas usam-nos meramente como suportes mecânicos. Sentir não é uma função mecânica. Um automóvel pode correr muito bem mas não sente nada. Ter sensações é uma função do sentir.

Exercício 12 / Alongamento para trás

Aqui está um exercício simples que ajudará você a sentir uma parte de seu corpo, para a qual normalmente você não está atento. Vamos supor que você esteja sentado numa cadeira enquanto lê este livro. Levante os braços e faça um arco para trás com as costas sobre o espaldar da cadeira. Dê uma boa esticada e a mantenha por 30 segundos, mais ou menos.

Enquanto isto, respire tranqüila e profundamente pela boca. Veja a fig. 18.

Você sentiu suas costas pressionando a cadeira? Você percebeu se estavam presas ou relaxadas? Foi doloroso? Você conseguiu respirar normalmente nesta posição?

Quando esticou os braços para trás, você sentiu alguma tensão em seus ombros?

Depois de voltar para sua posição usual de sentar, você percebeu que tendia a curvar-se para a frente? Você deve ter sentido necessidade de esticar de novo as costas para trás, para controlar esta tendência comum de curvar-se à frente. Faça este exercício novamente e perceba o quanto é mais fácil na segunda vez. Alongar os músculos das costas relaxou-os um pouco.

A importância de estar em contato com a parte de trás do corpo é algo que não há como enfatizar em demasia. Sem sentir as costas, é muito difícil para a pessoa respaldar, sustentar a sua posição. Não é suficiente ter a espinha dorsal (anatomicamente todos nós a temos); a pessoa precisa sentir sua espinha dorsal; deve perceber se está muito rígida ou inflexível, ou muito solta e maleável. Se está rígida demais, a pessoa não pode abandonar-se e entregar-se nas situações onde tais respostas seriam adequadas. Se está solta demais, não fornecerá o nível suficiente de tensionamento para habilitá-la a manter-se em sua posição, diante de pressões (*stresses*). Irá recolher-se ou ceder muito facilmente. A rigidez excessiva é devida a uma tensão crônica nos músculos longos das costas. A flexibilidade excessiva é causada por falta de tônus nestes músculos e espasticidade dos pequenos músculos que ligam as vértebras. Em ambos os casos, as costas não estão totalmente vitalizadas e não podem prover o impulso de agressividade que a pessoa necessita na vida.

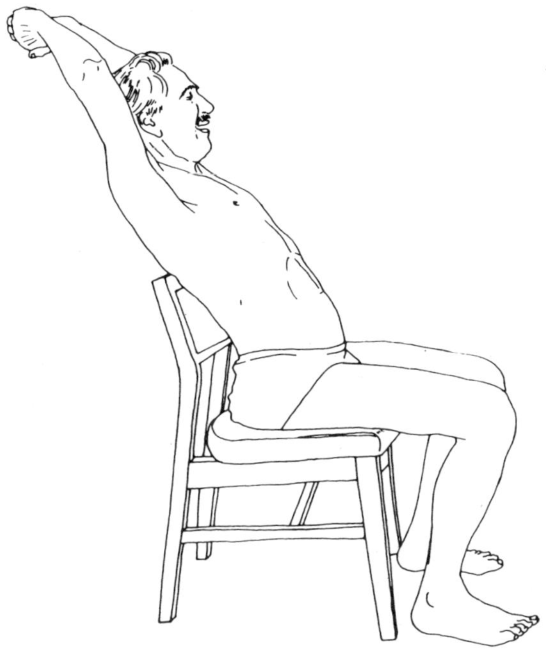

Fig. 18. Inclinar-se para trás na cadeira

A pessoa rígida "dá de costas", isto é, move-se para trás numa situação de confronto, enquanto o outro tipo não consegue manter-se de pé diante da situação.

No capítulo sobre sexualidade, mostramos como a pressão (*stress*) é mantida pelas pernas e pela parte posterior do corpo. Nas figuras 13 e 14, vimos como pressões (*stresses*) incomuns podem produzir um encurvamento da parte superior das costas ou o achatamento da parte inferior. A maioria das pessoas sofre de tensões nestas duas áreas, reclamando de desconforto e de dor. Para ajudar as pessoas a liberarem estas tensões de forma que o corpo fique adequadamente alinhado, usamos vários exercícios que utilizam o banco bioenergético. O banco e os exercícios serão descritos no capítulo 10. A idéia do banco foi tirada do exercício que você acabou de fazer.

Voltando ao estar em contato: uma vez que muitas pessoas estão fora de contato com seus corpos e raramente os usam de modo ativo, exceto de forma mecânica, os exercícios bioenergéticos parecem, à primeira vista, estranhos e pressionantes. As posições parecem pouco naturais; você talvez se sinta desajeitado e com alguma dor. Contudo, começará a perceber e sentir seu corpo de forma diferente. Depois de algum tempo, você vai se dar conta de que estava sem contato com uma boa parte do seu corpo.

Estar em contato é um processo de sentir as contrações e tensões que bloqueiam o fluxo de excitação e sentimento. Apenas sentindo a tensão é que a pessoa pode liberá-la. Toda tensão é uma contração ou espasticidade muscular crônica. Estas contrações estão nos grandes músculos externos voluntários e também nos pequenos músculos internos involuntários da traquéia e dos brônquios, do canal intestinal e do sistema vascular.

Deve-se mencionar aqui que não existe tensão nervosa que não esteja relacionada a contrações e espasticidades musculares crônicas. Muitas pessoas estão cientes da própria tensão de um modo geral. Chamam-na de tensão nervosa porque não estão em contato com o estado de tensão muscular de seus próprios corpos. Elas não sentem a constricção que pode desenvolver-se na garganta, o enrijecimento da nuca e cintura escapular, a espasticidade do diafragma, ou os nós nos músculos de suas pernas. Não tendo essas percepções, elas não podem liberar a tensão muscular e são forçadas a fazer uso de pílulas para reduzir seu estado de nervosismo. É muito melhor, embora não seja mais fácil, trabalhar diretamente com a tensão muscular para conseguir um estado de relaxamento.

Se a pessoa sente a tensão, o relaxamento é atingido pela mobilização dos músculos contraídos através de movimentos expressivos ou de alongamento. Alongar lentamente o músculo contraído irá, com freqüência, fazer com que ele se "deixe ir". O músculo entrará num tremor ou vibração, como uma mola, depois de a tensão ter sido liberada. Movimentos expressivos, como espernear e bater, servem ao mesmo propósito pela mobilização da musculatura contraída. Uma liberação emocional como a do chorar irá freqüentemente relaxar também as tensões internas.

O relaxamento representa um estado de expansão do organismo em contraste com o de tensão, que é o estado de contração. O relaxamento, então, requer energia e só pode ser efetivado se a respiração estiver livre, durante o exercício. O indivíduo sente o estado de relaxamento em qualquer parte do corpo pelo aumento da temperatura e pela melhor coloração, à medida que mais sangue atinge a área. As partes contraídas são frias e parecem relativamente sem vida ao toque. Nós as descrevemos como áreas "mortas", significando, simplesmente, que são partes do corpo com as quais a pessoa não está em contato.

O processo de entrar em contato com o corpo nunca termina. Conforme você prosseguir com os exercícios, entrará em contato mais profundo com seu corpo, sentirá muitas partes do mesmo, de forma diferente, desenvolverá novos padrões de postura e movimento. Seu autoconhecimento e sua auto-expressão aumentarão progressivamente.

Estar em contato não é um estado de perfeição, mas de vitalidade. Independente de quanto tempo a pessoa trabalhar com seu corpo, sempre haverá algumas tensões que permanecerão. Isto não é razão para desencorajamento em relação aos exercícios. Significa que a pessoa deve fazê-los regularmente, se quiser estar em contato com seu corpo. Precisamos reconhecer que não vivemos em uma cultura orientada para o corpo, como nos povos primitivos. Nossa cultura é anticorpo e, neste sentido, antivida. As máquinas fazem boa parte do trabalho que nós fazíamos anteriormente com nossos corpos e, embora isto facilite a vida, não necessariamente a torna mais vibrante e agradável. Com o aperfeiçoamento das máquinas, o resultado tem sido uma aceleração no andamento de nossas vidas. Movemo-nos mais rapidamente, mas temos menos tempo. De fato, conforme o ritmo se acelera, não nos deixa tempo nem para respirar. Acrescentem-se a isto as enormes pressões (*pressures*) sociais e competitivas de nossa cultura, e fica mais claro que, se não contrapusermos a estas forças um programa positivo de atividade corporal, não podemos esperar manter a sensibilidade para a vida do corpo, essencial a uma saúde vibrante.

7

Conselhos e precauções

Estes exercícios bioenergéticos não se destinam a substituir a terapia, apesar de terem valor terapêutico. Uma pessoa com um sério problema emocional ou de personalidade não deve tentar resolvê-lo por si própria através destes exercícios, porque praticando-os com esse propósito pode chegar a sentimentos que estão além de sua possibilidade de manipulá-los sozinha. Neste caso, uma ajuda profissional competente deve ser solicitada. Entretanto estes exercícios podem ser benéficos com um propósito mais geral, isto é, não como terapia, mas para a pessoa entrar em contato com o corpo, aumentar sua energia e se sentir mais viva.

Pode acontecer também de uma pessoa que não esteja ciente da profundidade e seriedade de seus problemas, embarcar entusiasticamente nos exercícios e perceber que as novas sensações e sentimentos que desabrocham em seu corpo a deixam perturbada e confusa. Aqui novamente o melhor conselho é procurar o respaldo de um profissional.

O trabalho corporal levará inevitavelmente a sentir e entrar em contato com sentimentos suprimidos. À medida que o corpo torna-se mais vivo, você sente mais. Sentir é a percepção do movimento interno, e a meta destes exercícios é aumentar a capacidade da pessoa para o movimento e para o sentir. De modo que, quando o corpo começa a vibrar, as vibrações podem aumentar e espontaneamente mudar para os movimentos mais intensos e convulsivos do soluçar. O soluçar pode ser experimentado simplesmente como alívio ou pode vir acompanhado de um sentimento de tristeza, sem que a pessoa saiba por que está triste. A maioria das pessoas suprime sua tristeza e seu choro com o objetivo de apresentar um rosto sorridente para o mundo. Somos ensinados que ninguém gosta de ver um rosto triste. "Se você quer chorar, vá chorar sozinho" — é um dito familiar. Agora, à medida que o corpo for se avivando, a máscara cai e a tristeza e o choro vêm à superfície.

Isto pode ocorrer. Você aceita se sentir assim? Se aceita, nosso conselho é se deixar levar por este sentir, pois o sentir é a vida do corpo. Mas não é só tristeza que pode se revelar. Medo e raiva podem também começar a aparecer. Lembre-se de que estas emoções não são provocadas pelos exercícios, mas meramente evocadas por eles. Foram sentimentos suprimidos por uma tensão muscular crônica e pelo amortecimento do corpo. De novo a questão é: você pode aceitar sentir tal emoção percebendo que ela se refere a uma situação passada? Você só precisa dizer: "sim, estou amedrontado" ou "sinto que estou com raiva". Se você puder ficar com a emoção ou contê-la, isso o beneficiará. Você também pode descarregá-la expressando-a, se puder agüentar exprimi-la. Uma maneira de descarregar o medo em bioenergética é gritando; de descarregar a raiva, batendo num colchão ou torcendo uma toalha. Isto será explicado mais adiante neste livro, em detalhes.

Só surgem problemas durante estes exercícios se você estiver com medo ou tomado por suas emoções. Neste caso, pare os exercícios imediatamente e permita que a emoção desapareça. Não se ganha nada assim e pode ser perigoso tentar superar uma ansiedade associada a emoções com as quais você não pode lidar. Aqui, como dissemos antes, é necessário procurar uma ajuda profissional. Mas se conseguir ficar com sua consciência corporal e manter suas emoções sob controle consciente, você se tornará progressivamente mais capaz de aceitar seus sentimentos, contê-los e expressá-los mais apropriadamente.

Se você tem alguma deficiência física ou doença, deve consultar seu médico antes de começar qualquer programa de exercícios, inclusive este. Os exercícios em si não são perigosos nem prejudiciais ao corpo mesmo em caso de doença, mas então serão feitos com a aprovação do médico. Nós temos usado alguns deles em pessoas com problemas médicos, com bom resultado. Nestes casos, entretanto, os exercícios foram cuidadosamente graduados assegurando que a pressão dos mesmos não fosse demasiada para os pacientes. O perigo real está no exagero do programa de exercícios, forçando-o além de sua capacidade de tolerar a pressão (*stress*), pensando que assim você a estará liberando.

Esta afirmação é especialmente verdadeira para pessoas com problemas na parte inferior das costas, que são primariamente o resultado de tensão muscular. Em algumas pessoas, este problema pode ser complicado por uma artrite na região lombar das costas ou por uma hérnia de disco com pressão nas raízes dos nervos. Em nenhum dos casos os exercícios são contra-indicados, mas devem ser feitos com uma conscientização sensível do corpo. Muitas pessoas foram ajudadas a melhorar um problema da parte inferior das costas através destes exercícios, mas o procedimento usado nunca envolveu o uso de força ou tração.

É um princípio fundamental da bioenergética que ninguém pode forçar uma tensão a liberar-se. O uso da força de vontade cria tensão em vez de soltá-la. O corpo pode ser estendido até o ponto de dor, e então localizar a tensão, mas a liberação só pode ocorrer por um "deixar acontecer" ou "se deixar ir". Para deixar acontecer, você deve perceber ou sentir (1) que você está se contendo, (2) a respeito do que você está se contendo, (3) por que está se contendo. Se você puder perceber estas coisas ao entrar em contato com o seu corpo, o "deixar acontecer" vai ocorrer por si.

É um axioma da medicina que a cura do corpo ocorre por si mesma, na maioria das condições. Isto também deveria ser verdadeiro com relação às tensões. Mas, se não ocorre, é porque não confiamos o suficiente no corpo para "deixá-lo acontecer". Isto significa permitir acontecer ou acompanhar o que quer que ocorra espontaneamente no corpo. Sempre nos ensinaram a controlar nossos corpos como se fossem animais perigosos e selvagens. Mas este próprio controle, na medida em que se torna inconsciente ou arraigado, cria as tensões que nos fazem sofrer. Não é portanto uma questão de fazer mais, mas de fazer menos. Através destes exercícios esperamos que você venha a aprender o que está fazendo para manter seu corpo sob controle, isto é, tensionando seus músculos para manter seu corpo rígido e relativamente amortecido. Nós não pedimos que obrigue seu corpo a tornar-se vivo; pedimos que deixe-o tornar-se vivo.

Nosso conselho mais importante é não considerar os exercícios como desempenho. O tempo que você pode agüentar uma posição de pressão (*stress*) significa muito pouco. Lembre-se que o aço pode suportar mais pressão (*stress*) do que qualquer ser humano. Se você só consegue suportar pouca pressão (*stress*), isto não o faz uma pessoa inferior. Você pode aumentar sua tolerância à pressão (*stress*) através dos exercícios, não com força de vontade, mas com força do tecido muscular. Isto significa mais energia e mais vitalidade em seu corpo. Fazendo os exercícios, o principal é sentir através do movimento e da vibração. Concentre-se na sensação. Como é que você sente seus pés, pernas, pelve, costas, barriga, peito, ombros, cabeça e pescoço? Você sente suas costas? E, finalmente, você sente seu coração? Se puder sentir lá dentro seu coração, terá atingido o cerne de seu ser.

De início, você pode achar que os exercícios não trazem prazer mas sim dor. Você ficará surpreso ao verificar que, com o passar do tempo, eles se tornarão agradáveis e lhe permitirão sentir-se realmente bem. A dor é um reflexo do grau de tensão do seu corpo. Quando a tensão é liberada, você começa a experimentar prazer.

Não faça estes exercícios como se estivesse praticando uma habilidade automática. Você não é seu sargento instrutor. Faça-os devagar, com tempo para respirar e sentir. E já que está buscando o relaxamento, faça-os de maneira tranqüila e descontraída. Não seja compulsivo. Se você perder um dia ou uma semana ou mesmo um mês, ninguém vai dar-lhe nota baixa ou puni-lo. Tudo bem se você der um tempo ou uma parada; sempre poderá começar de novo.

O tempo despendido nestes exercícios é uma questão de disposição pessoal. As nossas aulas de exercícios duram cerca de uma hora. Em casa, as pessoas levam de cinco minutos a uma hora. É mais fácil e agradável fazê-los em grupo, mas é mais conveniente fazê-los sozinho em casa. Em ambos os casos, não há uma rotina. Nunca fazemos todos os exercícios a cada vez, mas escolhemos aqueles que são mais indicados para nossas necessidades.

Provavelmente, a melhor hora para fazer qualquer exercício é pela manhã, após levantar-se e tomar uma ducha quente. Isto o deixa pronto para o dia. Se você se sentir mais cheio de vida e mais energizado, seu dia transcorrerá mais suavemente. Uma ducha antes dos exercícios solta seu corpo depois de uma noite de sono. Entretanto, qualquer hora é boa, exceto após uma refeição substancial. Se você é dos que comem em excesso, pode ser que os exercícios reduzam seu desejo de comida.

Às vezes, fazer alguns exercícios à noite, especialmente os de respiração profunda, possibilitará um adormecer mais fácil. Pegar no sono envolve desligar-se da cabeça e sintonizar o corpo. Se você estiver superexcitado e sua mente "a mil", é difícil "se deixar levar" pelo sono. Através dos exercícios, você pode voltar ao seu corpo, desta forma facilitando o entrar no sono. Se fizer muitos exercícios antes de ir para a cama, todavia, poderá se carregar demais e ficar excessivamente alerta para dormir facilmente. Agora você está pronto para passar aos exercícios, de uma maneira sistemática. Isto quer dizer que se deve envolver em exercícios de sexualidade com um aquecimento preliminar e um pouco de *grounding*. Isto não quer dizer que se deva obrigatoriamente seguir a ordem dos exercícios dada neste livro. Se você é novato nestes exercícios, familiarize-se aos poucos fazendo alguns por vez. Perceba o sentido deles e sinta o que eles fazem por você; depois tente alguns outros. Quando você estiver familiarizado com todos os exercícios da parte II, escolha para fazer regularmente aqueles que lhe forem mais benéficos. Na parte III, estão sugestões para fazer exercícios em casa e para conduzir uma aula de exercícios bioenergéticos.

PARTE II

EXERCÍCIOS

8

Exercícios-padrão

Os exercícios-padrão seguem uma ordem sistemática, que se reflete nos títulos das divisões do capítulo, e que vem a ser trabalhar com o corpo de baixo para cima. Nenhuma estrutura é mais forte do que as suas fundações: no caso de um adulto, estas são suas pernas e pés. Quanto mais a pessoa sentir esta parte do corpo, tanto maior o contato com ela e com o chão em que pisa, e mais segura será a sua base como pessoa. Este é um trabalho especialmente importante para as pessoas que vivem numa cultura como a nossa, que as orienta para a cabeça mais do que para o chão.

Começaremos com uma série curta de exercícios destinados a focalizar a consciência da pessoa sobre seu corpo e a orientá-la de modo tal que ficar em pé a faça perceber suas pernas, pés e o chão que lhe está por baixo. Tal seqüência será seguida por alguns exercícios de aquecimento; qualquer um deles ajudará a preparar o corpo para futuros exercícios que exijam mais energia.

Deve ser gasto um tempo considerável nos exercícios de *grounding*, isto é, no trabalho com pernas e pés, devido à sua fundamental importância para todo o trabalho com o corpo. À medida que formos subindo, nossa próxima área de atenção será a pelve e os quadris. São oferecidos muitos exercícios que ajudam a mobilizar e relaxar os músculos desta parte do corpo. Depois focalizaremos braços, mãos e ombros, e terminaremos com uma série de exercícios para soltar algumas das tensões na área da cabeça e do pescoço.

Conforme o trabalho for incidindo em partes superiores do corpo, é essencial que não se ignorem partes inferiores. A conscientização conseguida através dos exercícios de *grounding* deve estar presente no trabalho com todas as outras partes do corpo. Assim, gradualmente, o corpo inteiro é envolvido em todos os movimentos. A pessoa se move como um todo, como uma unidade, e qualquer movimento, grande ou pequeno, começa do chão.

Os exercícios-padrão também incluem movimentos e manobras para a pessoa fazer sentada e deitada. Existe uma seção especial destinada aos exercícios mais apropriados a cada uma destas posições.

EXERCÍCIOS DE FOCALIZAÇÃO E ORIENTAÇÃO

Estes exercícios deverão ajudá-lo a alcançar o alinhamento correto de seu corpo e a focalizar algumas áreas que geralmente precisam de atenção. O exercício 13, numa aula, serve para unir todos os elementos do grupo pois dá a direção para todo o trabalho de corpo. É a posição primordial da qual partem todos os exercícios feitos em pé; iremos nos referir a ela depois como exercício básico de orientação.

Exercício 13 / Posição básica de orientação

Se você estiver num grupo, forme um círculo. Cada pessoa se volta para dentro do círculo, os pés paralelos e separados 20 cm. Incline-se para a frente e desloque o peso do corpo para o peito dos pés. Dobre ligeiramente os joelhos, a pelve pende solta e inclinada para trás, a parte superior do corpo está reta e relaxada.

Solte sua barriga e faça quatro ou cinco respirações abdominais profundas e audíveis. Solte o soalho pélvico (como se você fosse defecar ou urinar). Se ficar apreensivo, vá ao banheiro primeiro. Você descobrirá que esta ansiedade de "deixar acontecer" existe independentemente de você precisar "ir" ou não.

Agora respire fácil e profundamente e procure sentir o quanto você pode "deixar-se cair" sobre os seus pés.

A sua respiração estava livre, fácil, profunda? Você conseguiu sentir os movimentos respiratórios na cavidade abdominal? Conseguiu deixar sair um som?

Os seus joelhos estavam dobrados e os pés paralelos durante todo o exercício?

A sua pelve estava solta e para trás? Você conseguiu perceber algum enrijecimento das nádegas ou tensão no soalho pélvico?

Você pode sentir o peso do corpo caindo no peito dos pés?

Se todo o peso do corpo repousar no peito dos pés, não haverá a desnecessária contenção da pessoa em outros pontos do corpo. Os ombros poderão cair naturalmente e o peito ficará leve, a pelve solta e inclinada para trás, na posição adequada. Infelizmente, isto não é fácil de fazer. Nós inconscientemente temos medo de "deixar cair", e por isso nos mantemos eretos através de tensões em muitas partes do corpo. Essas tensões nos impedem de deixar cair. Nós seguramos nossos ombros para cima porque não sentimos nossos pés no chão, e mantemos os maxilares apertados porque temos medo de chorar. Temos medo de soltar o ânus devido ao medo de nos sujarmos e, por isso, mantemos as nádegas rígidas. Contudo, com conscientização e prática, podemos chegar ao ponto de estarmos aptos a sentir nossas pernas e pés nos sustentando e o resto do corpo tranqüilo e fluindo.

Exercício 14 / Alongamento "prazer de estar vivo"

A partir da posição descrita acima, estique os braços para a frente, para cima, para os lados e para baixo man-

Fig. 19. Posição básica de orientação — alongamento "prazer de estar vivo"

tendo as palmas das mãos voltadas para fora. Faça isto devagar, coordenando a respiração com o movimento dos braços.

Expire com um suspiro audível, quando os braços estiverem esticados para a frente; quando estiverem em cima; de novo, do lado; e mais uma vez, em baixo.

Repita este exercício várias vezes.

A orientação dada em bioenergética é a de ter os pés plantados firmemente no chão. Ao mesmo tempo, você deve estar apto a estender-se em direção ao céu. Então a direção é tanto para cima como para baixo. O exercício envolve duas ações: *grounding* ou "deixar cair" e "esticar-se para alcançar". Quando você se estende para fora ou para cima, seus pés não devem perder o contato com o chão. Suas pernas não devem ficar tensas e sua pelve não deve ser nem puxada para dentro, nem para cima. Estender-se para alcançar é alongar — não tensionar.

EXERCÍCIOS DE AQUECIMENTO

O exercício de aquecimento deverá via de regra preceder o trabalho corporal mais específico e intenso. Qualquer um dos exercícios seguintes servirá.

Exercício 15 / Sacudir até soltar

Fique de pé com os pés paralelos e separados uns 20 cm, joelhos ligeiramente flectidos, o peso para a frente, pelve solta, costas retas. Os braços devem pender livremente à lateral.

Dobre e estique os joelhos rapidamente, como se estivesse pulando sem tirar os pés do chão.

Esta ação deverá produzir uma vibração no corpo todo que afeta a respiração, de modo que soará como a respiração ofegante de um cachorro.

Continue com este exercício por um minuto e então descanse com os joelhos ainda dobrados e respirando naturalmente.

Todo o seu corpo vibrou com estes exercícios?

A sua respiração estava em harmonia com o movimento?

Você permitiu que a parte superior do corpo pendesse para trás, fazendo você pender o pé mesmo de joelhos flectidos?

Exercício 16 / Pular devagar

Partindo da mesma posição, pule devagar sobre as duas pernas saindo ao mínimo do chão. Cada pulo deve durar um segundo inteiro.

Continue com este exercício até que as pernas se cansem.

Depois descanse em pé com os joelhos flectidos, o peso para a frente, as costas retas.

Perdeu o fôlego? Suas pernas vibram? Se isto ocorre, é bom.

Este exercício é forte e, em geral, mesmo as pessoas que o fazem corretamente, ficam ofegantes. Deixe-se respirar naturalmente.

Exercício 16-A / Variação

Pule sem esforço duas vezes alternadamente com cada perna. O ritmo é: 1-2, mude de perna, 1-2, mude de perna. É muito menos cansativo que o anterior.

Exercício 16-B / Variação

Saltitar ou andar batendo os pés em volta da sala, preferivelmente em círculo, balançando os braços.

Exercício 17 / Pular corda

Nas aulas de minha esposa, pode-se usar corda para pular.

Quando as pessoas chegam, pulam um pouco de corda para se soltar e se aquecer. Não é todo tipo de piso que agüenta um grupo grande pulando; portanto, algumas vezes a atividade deve ser alternada entre os membros do grupo.

Exercício 18 / Balançar para a frente e para trás com os pés

Em pé, balance para trás e para a frente sobre os pés. Levante um pouco os calcanhares quando balançar para a frente e erga os dedos quando balançar para trás. Respiração profunda, sem forçar. Mantenha os joelhos flectidos e a pelve solta de forma natural.

EXERCÍCIOS EM PÉ

O propósito destes exercícios é mobilizar a sensação nas pernas e pés de forma que você os sinta no chão. Estes exercícios também induzem uma forte vibração nas pernas, que irá se estendendo gradualmente para cima até incluir a pelve e a parte superior do corpo. A vibração solta as tensões e ajuda a sentir as pernas.

Exercício 19 / Peso numa perna com joelho fletido

Assuma a posição do primeiro exercício de orientação: pés separados 20 cm e paralelos, peso para a frente, pelve solta e inclinada para trás, barriga solta, corpo ereto e relaxado. Solte o soalho pélvico. Dobre o joelho esquerdo e coloque todo o seu peso no pé esquerdo. O pé direito deverá estar totalmente apoiado no chão. Respire sem forçar e profundamente. Mantenha a posição até você se sentir desconfortável.

Mude o peso para a perna direita, dobrando o joelho direito.

Repita mais uma vez com cada perna e volte à posição de descanso.

Você pode soltar-se todo sobre cada pé ou sente uma rigidez no joelho?

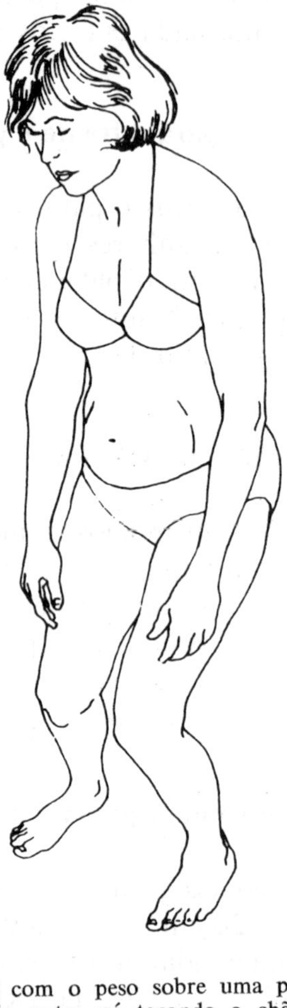

Fig. 20. Em pé com o peso sobre uma perna e os dedos do outro pé tocando o chão

Você prendeu a respiração?

Suas pernas estão vibrando muito?

Uma vez que elas comecem a vibrar, muito da dor e da tensão é aliviado.

Você ficou com medo que o joelho dobrasse totalmente e você caísse com tudo no chão?

Esse medo, também chamado ansiedade de cair, fará com que você endureça ou tensione o joelho, colocando assim um peso excessivo nestes ligamentos. A ansiedade de cair pode ser trabalhada através dos exercícios de cair descritos abaixo.

Exercício 19-A / Variação

Esta é uma versão mais forte: coloque todo o seu peso sobre o pé esquerdo e dobre mais ainda o joelho esquerdo. Agora, levante o pé direito do chão, mas deixe que os artelhos encostem no chão para manter o equilíbrio. Esta posição promove uma maior pressão (*stress*) na perna esquerda e permite que você a sinta mais intensamente. Fique nesta posição até sentir dor.

Não se esqueça de deixar a pelve solta e inclinada para trás e o soalho pélvico descontraído.

Respire sem esforço e profundamente.

Repita o exercício com a perna direita.

Exercício 19-B / Variação

Se você está mais adiantado, uma variação muito mais forte deste exercício também pode ser usada. Uma perna é colocada para a frente, o joelho totalmente dobrado e todo o peso do corpo caindo nesta perna.

Levante para trás e para cima a outra perna. O corpo dobra-se à frente de modo que as mãos ficam perto do chão a fim de restabelecer o equilíbrio, se necessário. Pelve para trás.

Este exercício deve ser feito num tapete grosso ou sobre um cobertor dobrado sob os joelhos de modo que você possa se deixar cair quando o esforço tornar-se muito grande.

Repita o exercício com a outra perna, permitindo-se novamente cair, quando a dor se tornar forte.

Repita mais uma vez com cada perna.

Volte à posição de orientação.

Estes exercícios mais fortes criam mais sensação nas pernas. Quando você voltar à posição de orientação (peso no peito dos pés, joelhos ligeiramente flectidos, pelve solta e para trás, soalho pélvico solto e relaxado) você sentirá suas pernas vibrando intensamente. Está acontecendo?

Rig. 21. Peso em uma perna e a outra levantada

Repetição dos exercícios 4 e 1

Neste ponto gostaríamos de reintroduzir o exercício 4, o arco, descrito no capítulo 2. Por favor, volte à página 31.

Este exercício será agora seguido pelo exercício 1, exercício básico de vibração e *grounding* descrito no capítulo 1. Por favor, volte à página 19.

Exercício 20 / Flexão total dos joelhos — cócoras

O exercício anterior pode ser seguido por este, para você chegar mais perto do chão.

Dobre ao máximo os joelhos de forma que você fique de cócoras.

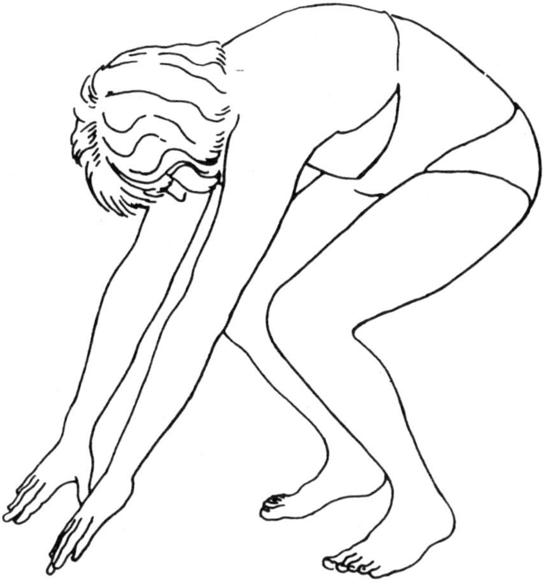

Fig. 22. Cócoras

Levante um pouco os calcanhares de forma que o peso do seu corpo caia no peito dos pés. Estenda os braços para a frente e incline-se como se fosse dar um mergulho numa piscina, para uma competição. Mantenha esta posição mais ou menos um minuto, com respiração profunda até a pelve.

Você pode sentir os movimentos de respiração na sua pelve?

Você consegue sentir a tensão na sua região lombar das costas?

Você está sustentando rigidamente os seus ombros?

Se os seus joelhos e tornozelos estão rígidos, você não conseguirá dobrar-se o suficiente para ficar de cócoras. Isto significa que você precisa trabalhar mais suas pernas para soltá-las.

Exercício 21 / Postura muçulmana de rezar para descanso e respiração profunda

Quando você estiver cansado deixe-se cair de joelhos. Alongue-se à frente, mãos à frente, com as palmas voltadas para o chão e a testa descansando sobre elas. Cotovelos bem afastados.

Arqueie as suas costas de forma que a sua barriga fique o mais solta possível.

Respiração solta e profunda na região inferior da barriga.

Mantenha esta posição de descanso por 1 ou 2 minutos. É similar à posição usada pelos muçulmanos ao rezarem.

Nesta posição você pode sentir o ânus abrindo e fechando a cada respiração; não tenha medo de se sujar; o seu esfíncter interno mantém-se fechado.

Se você precisar de um tempo maior de descanso, deite-se de comprido sobre a barriga, apenas soltando o corpo e sentindo as várias partes em contato com o chão. Isto é o mais próximo do chão que uma pessoa, enquanto viva, pode conseguir chegar.

Exercício 22 / Trabalho com os tornozelos

Para a maioria das pessoas, a tensão nos tornozelos bloqueia as sensações nos pés. É necessário portanto soltar os tornozelos de forma que possam ser mais facilmente flexionados. Este é um exercício bioenergético importante. Deste modo, pode ser executado imediatamente após o exercício 5 ou em qualquer outro momento. Os artelhos deverão estar o mais possível alongados.

Coloque o pé esquerdo todo no chão, mais ou menos 10 ou 15 cm atrás do joelho direito.

Desloque todo o peso para o pé esquerdo, deixando o joelho direito mover-se para o lado, se necessário.

Mantenha o peso de seu corpo sobre o peito do pé, alongando os dois braços à frente para manter o equilíbrio.

Balance para frente e para trás sobre o pé esquerdo, permitindo que o calcanhar saia do chão apenas quando necessário. Pressione para baixo, sobre o pé esquerdo, quando balançar para a frente.

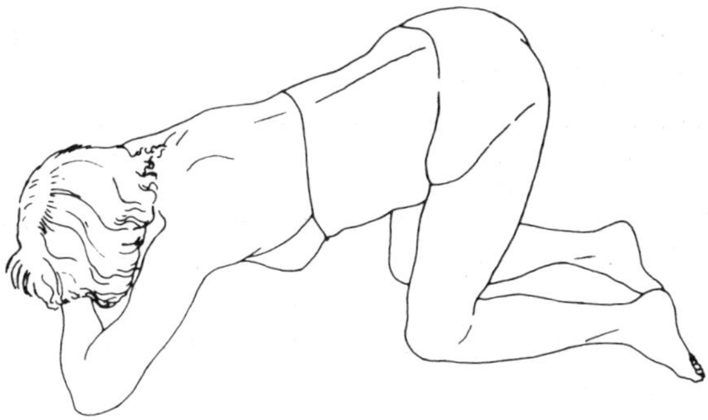

Fig. 23. Postura de descanso com apoio em joelhos e cotovelos

Mantenha o joelho esquerdo na mesma linha do dedão do pé esquerdo.

Fig. 24. Postura do tornozelo

Repita o exercício com o pé direito, colocando-o 10 ou 15 cm atrás do joelho esquerdo. Desloque o peso para o pé direito e repita o procedimento descrito acima.

O exercício deve ser repetido com cada pé.

Você consegue sentir a tensão em seu tornozelo?

Você sente o estiramento do tendão de Aquiles (o tendão que liga os músculos da barriga da perna ao osso do calcanhar)?

Você sente o pé pressionando o chão?

Você conseguiu relaxar a barriga da perna, a coxa e a parte superior do corpo enquanto pressionava o pé?

Exercício 23 / Extensão dos pés

Este é outro exercício de tornozelo. É feito a partir da mesma posição que o anterior. Fique sobre os dois joelhos, com pernas e pés estendidos para trás. Sente-se sobre os pés estendidos. Algumas pessoas podem fazer isto com muita facilidade; outras sentem uma considerável dificuldade.

Exercício 24 / Extensão da coxa

Este exercício é feito a partir da posição do exercício 23. Você está sentado sobre os calcanhares com pés estendidos.

Coloque as mãos fechadas contra a sola dos pés, e pressione; isto deve aliviar parte da tensão dos tornozelos e pés.

Com o peso sobre suas mãos fechadas, erga o quadril, estendendo as coxas. Deixe a cabeça pender para trás formando um arco com o corpo. Isto irá alongar os músculos das coxas que, na maioria das pessoas, são muito contraídos.

É importante que a pelve fique pendurada e solta.

Mantenha a posição tanto quanto você agüentar; relaxe e tente de novo.

Fig. 25. Sentar sobre os tornozelos

Este exercício provocou dor em seus pés? Esta dor indica a presença de tensão nos músculos do pé.

Você conseguiu sentir a contração no músculo da coxa? É doloroso?

Os braços estão doloridos?

Exercício 25 / Flexão do pé — Cócoras novamente

A extensão do pé pode ser invertida através de uma flexão. Em seguida aos exercícios 23 e 24, você deve colocar-se sobre os seus pés, de cócoras.

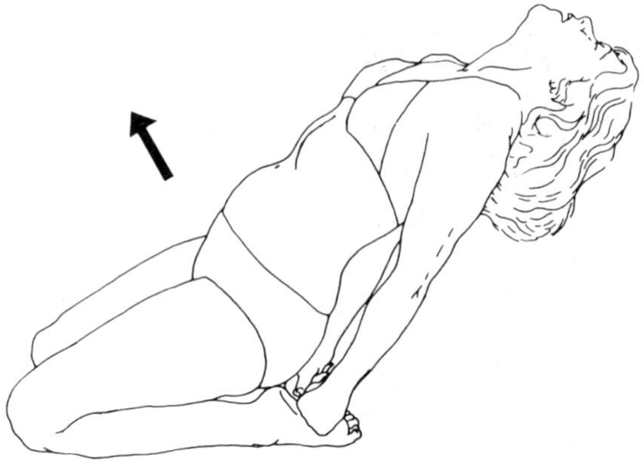

Fig. 26. Levantar, depois de sentar nos tornozelos

Estenda os braços à frente o máximo que você puder, tocando de leve o chão.

Levante muito sutilmente seus calcanhares do chão, deixando seu peso cair sobre o peito dos pés. Mantenha a posição. Descanse deixando-se cair de joelhos.

Você conseguiu sentir-se profundamente dentro de sua pelve, enquanto ficou de cócoras? É bom manter esta posição por meio minuto para sentir a profundidade de sua respiração.

A posição de cócoras ajudou-o a sentir seu ânus? Lembre que esta é a posição que as pessoas usavam para defecar antes de os modernos vasos sanitários terem se tornado populares.

Você consegue relaxar as costas?

Você conseguiu sentir sua barriga?

Exercício 26 — Exercício de pressão ("stress") para as pernas

Este exercício tem por objetivo fazer você cair e, através disto, aliviar a rigidez em seus joelhos. O exercício começa com você descansando sobre os dois joelhos.

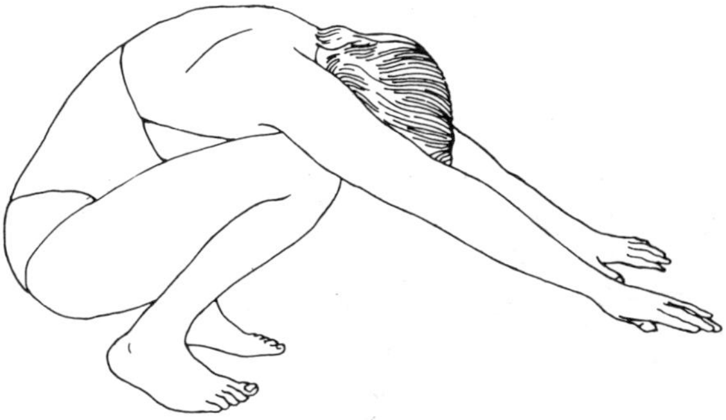

Fig. 27. Cócoras com flexão total dos joelhos (flexão do pé)

Apóie totalmente o pé esquerdo no chão, 15 cm à frente e paralelo ao joelho direito.

Alongue-se à frente e coloque as pontas dos dedos de ambas as mãos no chão, à frente do pé, a uma distância de mais ou menos 45 cm.

Desloque seu peso para a frente, sobre os dedos das mãos. Enquanto faz isso, *levante* o pé direito do chão. Se isto for peso demais para seus dedos, você pode usar as palmas das mãos para apoio. Dobre o joelho esquerdo, de forma que ele fique a uma distância de 18 cm do chão e traga a perna direita (que permanece fora do chão) para perto da esquerda.

Mantenha esta posição o máximo que você puder sem forçar e então deixe o seu joelho esquerdo cair no chão. Você deve trabalhar sobre um tapete ou cobertor dobrado sobre o qual possa cair.

Volte à posição original com os dois joelhos no chão e repita com a perna direita à frente, seguindo as mesmas instruções.

Normalmente, a pessoa deve estar apta a manter esta posição por 30 segundos, não muito mais do que isso. Você caiu imediatamente?

Nota: A queda imediata do joelho denota que a perna não consegue sustentar a pessoa, a menos que o joelho esteja rigidamente trancado.

Fig. 28. Exercício de cair — joelhos totalmente flexionados

Pessoas obesas têm muita dificuldade com este exercício, mas apenas parcialmente devido ao excesso de peso. Sem ir muito fundo na complexa psicologia dos obesos, acreditamos que parte de seu problema está conectada ao sentimento de insegurança quanto à habilidade de suas pernas para sustentá-los. Sua insegurança oral básica é compensada pelo excesso no comer. Este exercício ajuda a delimitar este problema. Além disso, fazê-lo regularmente ajudará a fortalecer as pernas da pessoa, trazendo mais sensações para tal região do corpo.

Você manteve a posição por um minuto ou mais? Se o fez, talvez signifique que precisa provar quão bem você suporta pressões (*stress*). Neste caso você se abriu para uma grande pressão (*stress*), maior do que o corpo pode tolerar. Este exercício não pretende testar seu desempenho sob pressão (*stress*). Aliás, nenhum dos exercícios deste livro tem este objetivo. Aqui, o mais importante é a intensidade de sensações nas pernas e pés.

Você estava respirando durante o exercício, ou prendeu sua respiração? Prender a respiração neste exercício denota o medo de cair que não tem relação com a situação, pois não há perigo se você cair aqui.

Você pôde sentir seu pé esquerdo realmente pressionando o chão para sustentá-lo?

Você percebeu que no momento em que sentia toda a pressão (*stress*) e toda a dor, você começava a esticar a perna para evitar cair?

Repita este exercício com sua perna direita. Talvez você perceba que tem mais força numa perna do que na outra. Isto é muito comum.

Fig. 29. Exercício de cair — perna esticada

Repita o exercício 13 — Posição básica de orientação

Geralmente, após o exercício anterior, nós pedimos à pessoa para manter-se na posição de orientação, ou seja, joelhos flexionados, o peso para frente, barriga solta, costas eretas, pelve solta, ombros e peito para baixo. Solicito-lhe então que respire tranqüila e profundamente com o abdômen e que tome consciência de suas pernas e pés. Por favor, volte à página 78.

Suas pernas estão vibrando?

Você pode sentir um fluxo de excitação em suas pernas e pés?

Você está mais consciente de seus pés? Eles parecem estar mais quentes? O aumento de temperatura resulta de um fluxo sangüíneo mais intenso.

Você sente seus pés mais em contato com o chão?

Exercício 26-A / Variação

Esta variação é muito útil porque dá ao indivíduo a sensação de que suas pernas podem levantá-lo e sustentá-lo. A posição e o procedimento são semelhantes ao exercício 26. Você deve posicionar-se para a frente, sobre o pé esquerdo, com o joelho flexionado e o peso quase todo sobre as mãos.

Traga o corpo para trás, sobre o calcanhar do pé esquerdo, que agora descansa sobre o chão. Embora suas mãos ainda estejam tocando o chão, não deve haver peso sobre elas. Pressione para baixo sobre o pé esquerdo, esticando parcialmente o joelho esquerdo até você sentir sua perna esquerda suportando, carregando o seu peso.

Repita o exercício deixando novamente o joelho esquerdo flectir-se, deslocando seu peso à frente sobre as mãos, até chegar na posição original. Depois venha para trás novamente, como acima, até que todo o seu peso seja transferido para o pé esquerdo.

Repita o exercício, sobre a perna direita, como acima.

Você pode agora sentir a capacidade de suas pernas para sustentá-lo?

As pernas parecem estar mais "presentes" para você?

Exercício 26-B / Variação

Nesta versão, a pessoa se levanta completamente sobre cada perna, da mesma maneira descrita acima, tirando suas mãos do chão. No momento em que a pessoa está em pé, seus dois pés devem estar no chão.

Exercício 27 / Sacudir a perna para soltar

A partir da posição descontraída, em pé, descrita no exercício 13 (vide pág. 78) levante uma perna estendida e comece a sacudir o tornozelo repetidamente para soltar qualquer tensão. Faça o mesmo com a outra perna. Mantenha flexionada o tempo todo a perna que fica no chão.

Exercício 28 / Espernear com uma perna

Como no exercício anterior, comece da mesma posição descontraída e estenda a perna à frente, fora do chão. Esperneie um pouco com o calcanhar, mantendo fletido o joelho da perna de apoio. Repita, mudando as pernas.

Agora nós vamos descrever alguns exercícios que necessitam uma pequena explicação de forma a mostrar a variação de movimentos que tornam mãos e pés mais cheios de vida. Antes de continuarmos, é preciso enfatizar que os exercícios não devem ser feitos apressadamente, nem levados até o nível de um cansaço insuportável. E, também, é preciso que haja um intervalo suficiente entre um exercício e outro para que a pessoa sinta o que está acontecendo com o seu corpo. Seguindo a filosofia bionergética, *fazer* é menos importante que *sentir*. Muitas pessoas fazem exercícios mecanicamente, como uma aula de ginástica, a fim de não sentirem. Isto anularia nosso objetivo de vitalidade.

Exercício 29 / Para a sola dos pés

A maioria das pessoas de nossa cultura pode ser descrita como "pés frágeis". Ao contrário dos homens primitivos que andavam com pés descalços, as solas de nossos pés são muito sensíveis. Em parte, isto é devido ao fato de serem protegidos por sapatos. No entanto, a causa principal é a espasticidade dos músculos das solas. Nossos arcos são muito achatados ou muito altos. Para aliviar esta tensão recomendamos ficar em pé sobre um bastão de madeira de 2 cm de diâmetro. Na ausência de um bastão, o cabo de uma raquete de tênis também serve.

Coloque o bastão no chão e ponha um pé sobre ele. Deixe o peso de seu corpo descansar neste pé, até onde agüentar. Então movimente o pé sobre o bastão, expondo a pressão em diferentes partes da sola do pés. Assegure-se de estar respirando durante o exercício.

Repita o exercício com o outro pé, colocando o bastão sob diferentes regiões da sola dos pés.

A maioria das pessoas sentem dor ao fazer este exercício. A dor é devida à pressão no músculo tenso. Se você ficar com a dor, o músculo relaxa e a dor diminui. Com uma prática contínua, você perceberá que a dor diminuirá bastante. Não é masoquismo submeter-se à dor, com o objetivo de melhorar a saúde, de ter um corpo mais ativo, ou um pé mais relaxado. Isto é realidade. Masoquismo existe quando a submissão à dor não leva a nada.*

Exercício 29-A / Variação

Um simples exercício de elevação também é útil. Fique de pé na posição relaxada, peso para a frente sobre o peito dos pés, joelhos dobrados. Mantendo-os dobrados, levante vagarosamente os calcanhares do chão e depois abaixe-os para tocar o chão. Repita algumas vezes o procedimento.

Você conseguiu sentir os músculos das solas dos pés trabalhando para levantá-lo?

Este exercício é especialmente útil para pés chatos.

---

* Uma discussão mais completa sobre a relação entre masoquismos e dor pode ser encontrada no livro de Alexander Lowen, *Prazer*. Uma abordagem criativa da vida, Summus Editorial, 1984.

Exercício 30 / Pulos de cócoras

Partindo da posição de cócoras descrita no exercício 20, pág. 86, pule para cima e para baixo, sem esforço excessivo, usando mais o peito dos pés.

Este exercício irá capacitá-lo a sentir a pressão *(pressure)* ativa dos seus pés contra o chão.

Exercício 31 / Coice-de-mula

Este é um bom exercício para soltar a articulação do quadril e alongar os músculos posteriores das pernas. Coloque-se na posição sobre os cotovelos e joelhos (fig. 30). Erga a perna esquerda e dobre o joelho esquerdo de modo que a perna fique perto do corpo. Atire o calcanhar para trás usando toda a força de quadril que puder. Execute o coice o mais reto e paralelo ao chão que você puder. Dê alguns "coices" com a perna esquerda e depois repita com a direita.

Você seguiu junto com o movimento do coice ou no fim se segurou no joelho?

Você conseguiu sentir o começo do coice desde o quadril? Você sentiu a força no quadril?

Você conseguiu relaxar a metade superior do seu corpo?

Fig. 30. Coice-de-mula

Exercício 32 / Alongamento dos tendões de trás das pernas

Até este momento, os tendões posteriores de suas coxas e joelhos devem estar muito contraídos. Aqui está um exercício para alongá-los.

Com os pés paralelos, afastados aproximadamente 30 cm, incline-se para a frente dobrando os joelhos até que as pontas dos dedos toquem o chão. Esta posição é idêntica à do exercício 4, pág. 31.

Movimente as mãos para a frente até que os calcanhares saiam do chão.

Agora estique os joelhos para que os calcanhares pressionem de encontro ao chão.

Mantenha a posição por alguns momentos e então solte os joelhos e comece o alongamento de novo.

Exercício 33 / O passeio do urso

O passeio do urso é um excelente exercício para alongar os tendões posteriores, que são muito contraídos na maioria das pessoas. Fique de quatro com as mãos e os pés totalmente plantados no chão. Ande pela sala nesta posição.

Se você entender os princípios da bioenergética, pode improvisar muitos exercícios em pé com objetivo de entrar mais em contato com seu corpo, aliviando suas tensões. O importante é saber que você está trabalhando para atingir um nível mais intenso de sensibilidade.

TRABALHO COM QUADRIS E PELVE

O *grounding* de uma pessoa — de forma que ela sinta seus pés solidamente no chão — é um pré-requisito para aliviar as tensões nos quadris e pelve. Esta se moverá naturalmente, isto é, livre e espontaneamente, a menos que esteja suspensa entre a cabeça e os pés. Este é o princípio do arco. Uma corda de violino ou de violão deve estar firmemente presa nas duas extremidades para que possa vibrar ritmicamente e produzir um som. O mesmo acontece com o arco. Quando a corda do arco é esticada, o arco fica armado, e tudo o que se precisa para projetar a flecha é soltá-la. A flecha voará devido à tensão imposta ao arco.

Este princípio se aplica ao movimento da pelve. Se os pés estão completamente em contato com o chão, é necessário apenas puxar a pelve para trás para criar a força que espontaneamente a moverá para a frente. A energia para esta força é produzida pelos processos metabólicos do corpo em conexão com a respiração. Portanto, qualquer tensão no corpo que restrinja a respiração e o *grounding* limita a motilidade pélvica.

Quando a pelve é levada para trás, está na posição de carga, se o corpo todo estiver devidamente equilibrado na parte anterior dos pés, como no nosso primeiro exercício de orientação. Levada à frente, a pelve já está descarregada. Ela não pode mover-se espontaneamente à frente; tem de ser empurrada. Empurrar é um movimento em que os músculos se contraem reduzindo o fluxo de excitação e prazer. Isto deve ser evitado neste exercício tanto quanto na relação sexual.

As tensões pélvicas desenvolvem-se para limitar as sensações sexuais. Será difícil, talvez impossível, liberar a pelve se o indivíduo for inibido em relação às sensações sexuais. Estes exercícios não criam necessariamente a sensação sexual, mas podem conscientizar o indivíduo da mesma, caso esteja presente. Contudo, sensação sexual não é o mesmo que excitação genital. Esta é um centro de sensações sexuais no aparato genital, o que não acontece com estes exercícios.

Os próximos exercícios têm como objetivo ajudá-lo a sentir quaisquer tensões na área pélvica. Ao fazê-los, ocorrerá alívio de algumas tensões. Na maioria das pessoas, estas tensões são muito fortes, e nós usamos muitos outros exercícios para liberá-las. Qualquer exercício, feito em pé ou deitado, que mobilize a parte inferior do corpo, afetará a pelve. Espernear é um deles. Além destes existem os exercícios especificamente sexuais que serão descritos mais adiante.

Exercício 34 / Movimento pélvico de lado a lado

Fique em pé, sobre os dois pés, afastados 30 cm mais ou menos. Dobre os joelhos até a metade.

Desloque o peso para o pé esquerdo, sem tirar o direito do chão e balance a pelve para o lado esquerdo, pressionando o chão com o pé esquerdo.

A parte superior do corpo permanece relativamente ereta e inativa.

Lentamente desloque o peso para o pé direito e balance a pelve para o lado direito, pressionando o chão com o pé direito.

Repita o exercício para o lado direito e para o esquerdo algumas vezes, lentamente, deixando a pelve balançando de acordo com a pressão de cada pé.

Você se permite respirar com a barriga?

Você sente o movimento da pelve vindo de baixo enquanto você pressiona o chão cada vez com um pé?

Você sente alguma tensão na parte inferior das costas?

Você conseguiu manter o peso do seu corpo à frente enquanto balançava de um lado para outro?

Exercício 35 / Movimento pélvico circular

Este exercício é muito similar aos movimentos de quadris da dança havaiana hula-hula. A posição é a mesma do exercício 34.

Desloque seu peso para o pé esquerdo e o pressione para baixo, deixando a pelve mover-se para a esquerda.

Deixe que o seu peso volte para o peito de ambos os pés e, enquanto isso, balance a pelve para a frente.

Desloque-se para o pé direito e, pressionando o chão com esse pé, balance a pelve para a direita.

Deixe seu peso voltar para os dois pés; mantenha-se para a frente sobre o peito de ambos os pés e balance a pelve para trás.

Faça este exercício como um movimento contínuo várias vezes. Depois repita-o, invertendo a direção, de modo que a pelve se mova na direção anti-horária.

Você está respirando com a barriga? Se empurrar a pelve para a frente, irá contrair os músculos abdominais e bloquear a respiração abdominal.

Você pode sentir o peso do seu corpo deslocando-se sobre os pés enquanto a pelve balança fazendo um círculo?

Você conseguiu manter os joelhos dobrados e soltos ou ficou com os joelhos esticados? É importante ficar "bem embaixo".

A metade superior do seu corpo estava razoavelmente ereta e inativa durante o movimento? Isto indica que você conseguiu dirigir suas energias adequadamente.

Exercício 36 / Movimento pélvico para frente e para trás

Este exercício é executado a partir da mesma posição que o primeiro. Mantenha o peso do seu corpo sobre o peito dos pés.

Puxe a pelve para trás, arqueando a parte inferior das costas, mas lembre-se de manter seu peso para a frente. Isto prevenirá um exagero do arco nas costas formando uma lordose (uma exagerada concavidade na região lombar).

Deixe a pelve balançar para a frente, pressionando contra o peito dos pés e expire.

Exercício 37 / "Arrebitar" a pelve

Este exercício objetiva fazê-lo sentir a força existente num arremesso, quando a pelve é puxada para trás. Ele também é feito a partir da mesma posição que o anterior.

Ponha seu pé direito à frente com seu peso sobre ele, e dobre ambos os joelhos. Isto fará com que o seu calcanhar esquerdo levante do chão.

Incline o tronco para a frente e para baixo, estendendo o braço direito e puxando o esquerdo para trás.

"Arrebite o traseiro", e desloque seu peso para o peito do pé direito. Você agora está inclinado para a frente, numa posição agressiva.

Tente o mesmo exercício com a perna esquerda à frente. A maioria das pessoas acha mais fácil fazer com o pé esquerdo à frente porque tendemos a usar o pé esquerdo para começar a andar.

Você sentiu alguma tensão em seu joelho direito quando este pé estava à frente? Ou na linha da cintura?

Conseguiu perceber como aumentou a sensação de agressão, quando "arrebitou" as nádegas? Agressão, em bioenergética, tem o significado positivo de "mover-se em direção a".

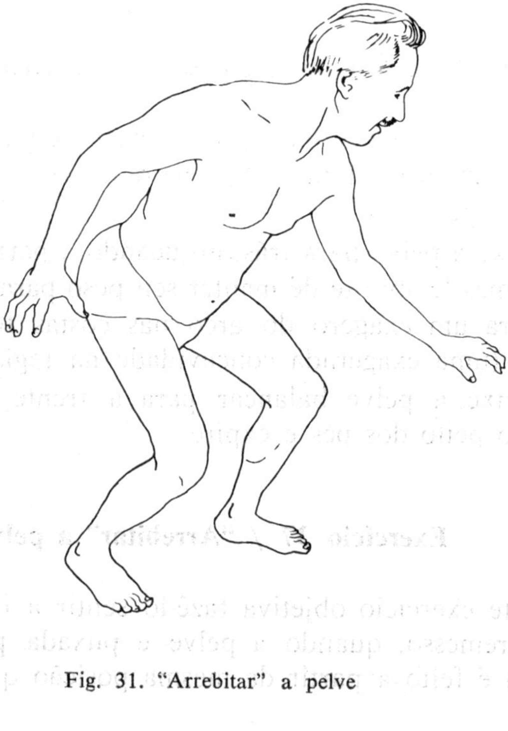

Fig. 31. "Arrebitar" a pelve

Puxe a pelve para trás na inspiração e depois deixe que ela novamente balance para a frente na expiração.

Mantenha suave o movimento de ir e vir enquanto você inspira e expira.

Você consegue coordenar sua respiração com o balanço pélvico?

Você teve de forçar a pelve para a frente empurrando-a pelas nádegas ou puxando-a pela frente? No primeiro você teve de tensionar as nádegas, no último, você contraiu os músculos abdominais.

Conseguiu manter o peso do seu corpo, durante todo o tempo, sobre o peito dos pés?

Exercício 38 / "Rabinho de pato"

Este exercício é mais difícil na medida em que depende de quadris e pelve soltos. Comece da mesma posição que o exercício anterior porém dobre totalmente ambos os joelhos, mantendo os pés totalmente plantados no chão.

Desloque o peso para a frente dos pés, sem levantar os calcanhares.

Incline-se para a frente e "arrebite" as nádegas para trás.

Mova as nádegas de um lado para outro sem balançar as pernas e o tronco. O peso deve manter-se uniformemente distribuído sobre os dois pés.

Você conseguiu mover as nádegas livremente, por elas mesmas?

Manteve seu peso para a frente?

Conseguiu respirar facilmente durante o exercício?

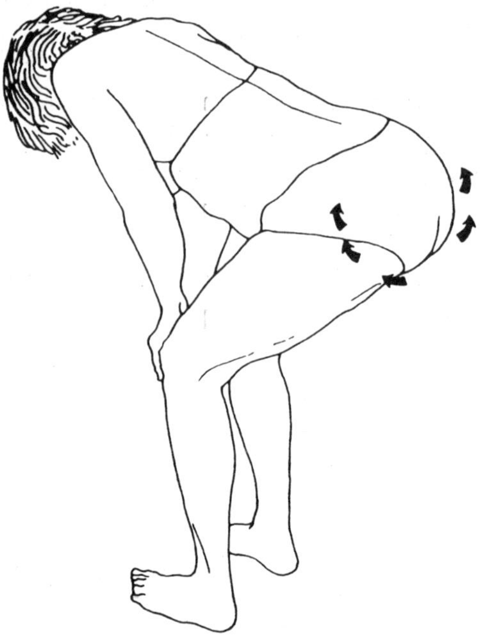

Fig. 32. Rabinho de pato

TRABALHANDO COM BRAÇOS E OMBROS

Para liberar braços e ombros precisamos freqüentemente usar exercícios expressivos tais como bater, torcer a toalha, e outros. Eles são descritos num próximo capítulo, e podem ser incluídos nos exercícios de classe, se for adequado. Os que se seguem envolvem movimentos mais generalizados.

Exercício 39 / Balançar cada braço

Comece o exercício partindo da posição de orientação do exercício 13, pág. 78. O peso do corpo está para a frente, os joelhos ligeiramente flexionados e a barriga solta, para fora.

Alongue totalmente o braço esquerdo para trás e para cima, inclinando-se levemente para a frente.

Enquanto o braço esquerdo vai para trás, o direito estende-se reto para baixo e um pouco à frente.

Desenhe lentamente um círculo, com o braço esquerdo para cima, para a frente e para baixo, mantendo o braço o mais alongado possível, para integrar o ombro ao movimento.

Faça o mesmo com o braço direito, alongando-o totalmente para trás, enquanto o esquerdo permanece estendido para baixo.

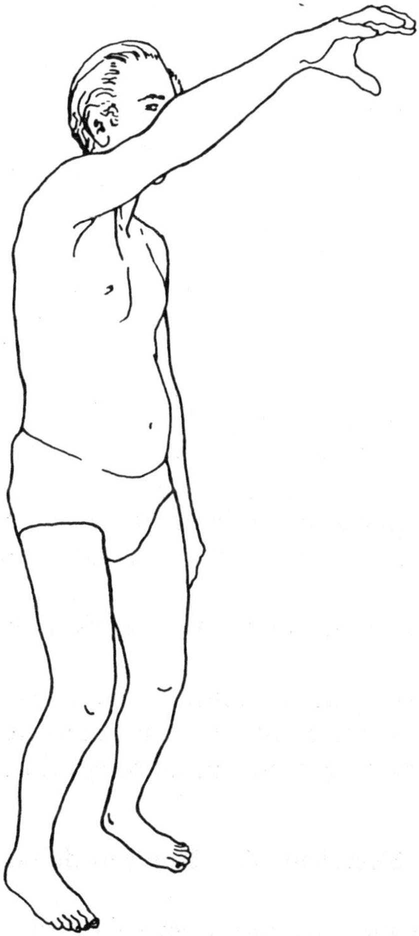

Fig. 33. Alongamento do braço

Repita com o esquerdo e o direito algumas vezes.

O exercício também pode ser feito começando-se o movimento de círculo pela frente e indo para trás.

Você sentiu o ombro todo mover-se enquanto fazia o exercício?

Você sentiu alguma tensão nas articulações dos ombros? E nos lados do corpo?

Conseguiu respirar enquanto executava o movimento?

Exercício 40 / Balanço dos dois braços

A partir da mesma posição do exercício anterior, estenda ambos os braços à lateral. Balance os dois para frente e para trás, passando pelos lados do corpo.

Expire de forma audível quando os braços estiverem na frente e embaixo.

Inspire quando os braços estiverem para os lados, preparados para o próximo balanço.

Continue os balanços, movendo-se e respirando cada vez mais rápido.

Exercício 41 / Voar como um pássaro

Este exercício é similar ao anterior, mas o movimento fica no plano do corpo, mantendo-se os braços estendidos às laterais.

Estenda os braços para os lados e abane-os para cima e para baixo.

Incline-se para a frente e mova os braços cada vez mais depressa, até se sentir como uma ave levantando vôo.

Deixe os braços caírem ao longo do corpo e descanse.

Exercício 42 / Rotação de ombros

Novamente partindo da mesma posição, com os braços soltos pendurados ao longo do corpo, levante os ombros.

Agora, movimente-os para a frente, para baixo e para trás, fazendo alguns círculos.

Repita no sentido inverso.

Os exercício de ombros também podem ser executados com a pessoa sentada e também serão apresentados na seção apropriada.

Exercício 43 / "Saia das minhas costas"

Este é um exercício expressivo, usado rotineiramente nos trabalhos em grupo. A maioria das pessoas sente uma considerável satisfação executando-o. Inicia-se a partir da mesma posição dos exercícios anteriores.

Dobre os cotovelos e suspenda-os até a altura dos ombros. Isto servirá para estender a parte superior dos braços.

Empurre energicamente ambos os cotovelos para trás e diga: "Saia das minhas costas".

Repita o exercício algumas vezes, expressando oralmente um sentimento de raiva.

Você sentiu que este exercício endireitou suas costas?

Você percebeu se estava um pouco curvado à frente, como se estivesse carregando alguém em suas costas? A maioria das pessoas experimenta um grande prazer com este exercício, o que significa que sentem alguém em suas costas.

Exercício 44 / Socar à frente

É similar ao exercício anterior. Dobre os cotovelos e levante-os ao nível dos ombros.

Feche as mãos para dar soco, com os polegares *para fora*.

Jogue os dois punhos energicamente para a frente e diga: "Caia fora!".

Repita algumas vezes.

Exercício 45 / Empurrar os punhos para baixo

Traga ambos os punhos o mais próximo possível das axilas.

Empurre-os para baixo, ao longo do corpo, soltando um grunhido.

Levante-os novamente e repita várias vezes.

Você sentiu uma onda atravessando seu corpo enquanto seus punhos desciam?

Você ficou de joelhos fletidos? O movimento lhe pareceu dirigir seus pés chão adentro?

Sentiu alguma vibração na cabeça?

Exercício 46 / Balanço dos punhos

Assuma a mesma posição do exercício anterior.

Levante ambos os punhos até ficarem em frente ao seu rosto.

Agite-os com força e diga "não" veementemente, várias vezes.

Deixe sua voz sair alta e clara.

Você sentiu uma expressão de raiva ou de medo em seu rosto enquanto fazia o exercício?

Sua voz estava forte e assertiva?

Você conseguiu manter uma postura para a frente ou inclinou-se para trás?

TRABALHO COM A CABEÇA E O PESCOÇO

Estes exercícios têm como objetivo soltar algumas tensões do pescoço e libertar a cabeça. Se a sua cabeça está muito rigidamente presa ao pescoço, você deverá sentir um pouco de tontura com o exercício. Se isto acontecer, pare e espere um pouco. Fechar os olhos durante o exercício pode prevenir a tontura, pois elimina-se o campo móvel da visão.

Exercício 47 / Alongamento do pescoço

Coloque suas mãos atrás da *cabeça*, entrelaçando os dedos.

Pressione para baixo com as mãos, deixando a cabeça ceder totalmente à pressão (*pressure*).

Mantenha os joelhos levemente dobrados e as costas eretas, mas não rígidas. O seu peso deve estar para a frente. Respire profundamente (veja fig. 34).*

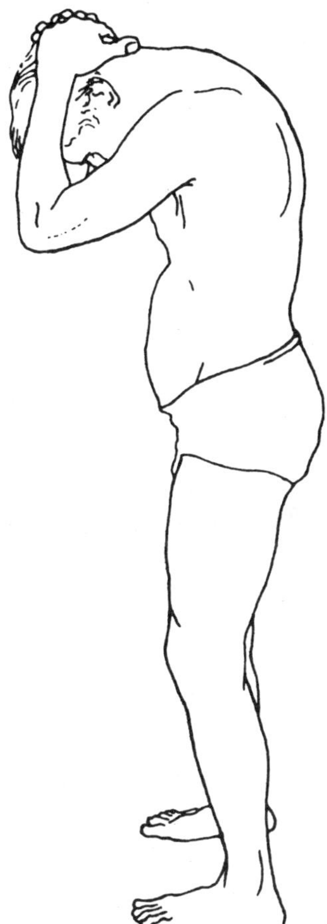

Fig. 34. Exercício de pescoço (em pé)

* Os cotovelos também ficam para baixo, e não para os lados. (N.T.).

Você pode sentir o alongamento do pescoço? Você sentiu alguma dor na parte de baixo das costas ou em seus ombros?

Em pé, você se sentiu mais ereto depois que parou?

Exercício 48 / Massagem no pescoço

Com as mãos na mesma posição que no exercício anterior, use os polegares para sentir e massagear os músculos que ligam a cabeça ao pescoço. Sua cabeça deve estar inclinada à frente.

Você sentiu quão tensos estavam estes músculos?

Exercício 49 / Arremesso à frente

Neste exercício você levanta a cabeça e leva-a para trás e depois deixa-a cair para a frente, com um grunhido. No começo faça devagar, até você se sentir completamente à vontade com o exercício.

Exercício 50/ Rotação da cabeça

Deixe sua cabeça cair suavemente para a frente e então gire-a, formando um círculo, da esquerda para a direita. Respire lenta e tranqüilamente conforme for fazendo o movimento. Mantenha os olhos abertos, focalizando os diversos objetos que passam por sua linha de visão. Pisque várias vezes. Faça isto pelo menos três vezes e depois repita na outra direção.

Deixe os ombros o mais para baixo possível.

Se você ficar tonto, pare o movimento e dobre-se para a frente como no exercício de *grounding* (pág. 19), deixando seus pés e pontas dos dedos em contato com o chão.

Este exercício também pode ser feito com a pessoa sentada, o que dá mais segurança.

Você respirou facilmente?

Você ouviu algum estalo no pescoço? Não se preocupe; são causados pela pressão entre as superfícies articulares (superfícies entre as articulações) das vértebras do pescoço, que então se desmancha.

EXERCÍCIOS PARA SE FAZER SENTADO

A posição sentada é muito útil para os exercícios que envolvem a metade superior do corpo. No entanto, esses exercícios só serão válidos se você se sentar corretamente: costas retas, pernas cruzadas, barriga solta, para fora, e você se sente firme no chão (*grounded*) através das tuberosidades isquiais das nádegas, como mostra a fig. 35 (pág. 114). Nesta posição, você deve senti-las pressionando firmemente o chão, com o peso do corpo levado à frente. Sentar com os ossos do final das costas, região da cauda eqüina, como muita gente faz, resulta num colapso das costas, forçando a pelve à frente e contraindo o abdômen. Isto impede a respiração abdominal e bloqueia o fluxo de sensações que estes exercícios podem produzir.

A posição sentada garante maior segurança que a posição em pé e, desta forma, permite que a pessoa "deixe-se ir" mais facilmente. É, portanto, a posição escolhida para os exercícios que envolvem a musculatura do pescoço, e também uma excelente posição para os exercícios de olhos, que também serão descritos nesta seção.

Exercício 51 / "Grounding" com a pessoa sentada

Esta é a posição básica a partir da qual serão feitos todos os exercícios em que a pessoa fica sentada.

Sente-se com as pernas cruzadas, sobre um tapete ou cobertor dobrado. Incline-se à frente, arqueando as costas até você sentir as nádegas pressionando contra o chão. Deixe a barriga solta. Os braços ficam descansando confortavelmente sobre os joelhos ou coxas. Mantenha a cabeça erguida e solta. Respire tranqüila e profundamente por um ou dois minutos, e tente sentir os movimentos respiratórios na barriga e nádegas.

Fig. 35. Posição da pessoa sentada

Você conseguiu ficar na posição correta? O seu peito estava solto, movendo-se suavemente a cada respiração?

Sentiu os movimentos respiratórios na barriga?

Você percebeu se o seu ânus estava contraído para dentro ou descontraído? Você conseguiu soltá-lo, descontraí-lo? Você sentiu alguma ansiedade ao fazer isso?

Você sente alguma tensão nas suas costas ou pernas?

Quanto tempo você conseguiu se manter confortavelmente nesta posição?

Mabel E. Todd comenta sobre esta posição: "Se o peso do corpo está equilibrado sobre as tuberosidades dos ísquios (veja fig. 35) e não existe a força de manter o peso para frente através dos músculos das pernas, os planos de força que atuam sobre a base do arco pélvico serão idênticos àqueles da posição de equilíbrio em pé".* Na medida em que o corpo em pé está equilibrado sobre o peito dos pés, nós nos referimos às tuberosidades dos ísquios como a parte da frente das nádegas.

Estar adequadamente equilibrado é o primeiro passo para estar firme no chão (*grounded*). O próximo passo é respirar livre e profundamente.

É interessante notar também que esta posição é similar à posição de lótus usada na ioga e na meditação Zen.

Exercício 52 / Relaxamento dos músculos da cintura

A cintura, da mesma forma que o pescoço, serve para conectar dois grandes segmentos de corpo, de maneira que cada um possa girar, até certo ponto, independentemente do outro. Portanto, a cabeça pode girar para a esquerda ou para a direita, devido à flexibilidade do pescoço. Se este se torna muito rígido, o movimento é obstruído. Da mesma maneira, o torso pode girar para os dois lados porque a cintura é flexível. A rigidez não só restringe o movimento como também interfere com o fluxo que existe entre os segmentos conectados, ocasionando um decréscimo da sensação de ser unificado ou integrado.

Após sentar-se com as pernas cruzadas, coloque a mão direita no joelho esquerdo.

Gire o corpo para a esquerda, de maneira que você possa olhar por cima do ombro esquerdo.

Mantenha a posição, respirando profundamente, e então, devagar, volte-se para frente.

---

* Mabel Elsworth Todd, The Thinking Body (Nova York: Paul B. Hober, Inc., 1937), p. 281.

Coloque a mão esquerda no joelho direito, gire para a direita e olhe sobre o ombro direito. Mantenha a posição por alguns momentos, respirando profundamente. Lentamente retorne à posição inicial.

Fig. 36. Torção de cintura

Você sentiu alguma tensão nos ombros, cintura, costas ou quadris?

Foi difícil respirar com o abdômen, inclusive?

Exercício 53 / Alongamento do braço

Sente-se com as costas eretas e, mantendo os ombros baixos, alongue ambos os braços para os lados.

Levante as mãos com as palmas voltadas para fora.

Empurre para fora com a parte inferior da palma da mão para alongar os músculos dos braços.

Não tranque os cotovelos.

Exercício 54 / Carga energética nas mãos

Este exercício é um dos mais representativos no repertório bioenergético, na medida em que geralmente produz algumas sensações intensas e pouco comuns nas mãos. Parte-se da mesma posição do exercício anterior.

Junte as pontas dos dedos. Separe-os e pressione-os uns contra os outros, mantendo as palmas das mãos separadas.

Volte as mãos para dentro, de maneira que apontem para o seu peito.

Mantendo os dedos pressionados uns contra os outros e as palmas das mãos separadas, mova-as para fora o quanto for possível.

Fig. 37. Alongamento de mãos (carga energética nas mãos)

Respiração solta e profunda durante um minuto antes de relaxar as mãos.

Relaxe soltando as mãos sobre o colo, os dedos levemente estendidos, e olhe para as pontas dos dedos durante 30 segundos. Deixe os ombros caídos e continue respirando.

Em seguida, coloque as mãos em forma de concha, sem tensioná-las e mova-as lentamente uma em direção à outra, até ficarem separadas 4 cm.

Você teve a sensação de algo entre as suas mãos quando as aproximou?

Quando suas mãos estavam relaxadas sobre o colo, sentiu algum formigamento nos dedos?

Sentiu alguma contração nos músculos peitorais enquanto fazia o exercício?

Este exercício possibilita experimentar a carga energética nas mãos. Quando ela é forte, ela irradia das mãos e dedos criando à sua volta um campo energético. Como as mãos, ao se aproximarem, estão carregadas, as pessoas geralmente sentem que existe alguma substância entre elas. Eu acredito que essa "substância" é o campo energético que se forma entre as mãos. Isto pode ser demonstrado pela fotografia Kirlian.*

Exercício 55 / Sacudir as mãos até soltá-las

Braços inteiramente alongados; mãos penduradas, descontraídas.

Sacuda as mãos vigorosamente para soltá-las.

Gire-as lentamente em círculos, primeiro para dentro e depois para fora, várias vezes.

Exercício 56 / Alongamento dos dedos

Coloque suas mãos com as palmas inteiramente sobre o chão, ao longo do corpo, e os dedos separados.

---

* O método Kirlian de fotografia foi inventado pelos russos. Colocando a mão num forte campo eletrostático e fotografando-a, a chapa mostrará a radiação vinda da mão.

Incline-se para a frente e alongue as mãos entre o dedo mínimo e o polegar.

Repita o alongamento colocando a pressão no quarto dedo e no polegar.

Faça o mesmo com o dedo médio.

Repita com o indicador e o polegar.

Exercício 57 / Exercício para os punhos

Com as palmas das mãos inteiramente apoiadas no chão, para a frente, incline-se à frente até que o final da palma das mãos esteja ligeiramente no ar.

Balance para trás e para frente, pressionando as mãos para baixo.

Coloque as costas das mãos sobre o chão e balance para frente e para trás para alongar os punhos.

Exercício 58 / Movimentos para soltar os ombros

Estando a pessoa sentada e relaxada, muitos exercícios podem ser feito para soltar os ombros.

a. *Encolher os ombros*: Com os braços soltos ao longo do corpo, suspenda lentamente os ombros, e deixe-os cair como se você quisesse se livrar das preocupações do dia. Repita várias vezes, inspirando quando suspender os ombros e expirando quando os deixar cair.

b. *Rotação dos ombros*: Com os braços estendidos ao longo do corpo, faça rotação dos ombros suspendendo-os em direção das orelhas, depois para a frente, para baixo e para trás. Repita várias vezes. Inspire quando os levar para cima e para trás e expire quando estiverem para frente e para baixo. Agora, inverta a direção, trazendo os ombros primeiro para trás e para cima e depois para frente e para baixo. Mantenha o mesmo padrão de respiração. Os movimentos para baixo e para frente devem coincidir com uma queda do peito, não das costas.

c. *Alcançando*: Muitos de nós esticam-se à frente para alcançar com os braços e as mãos, não com os ombros. Este exercício irá ajudá-lo a perceber a diferença. Primeiro, faça o gesto de esticar-se para alcançar com os braços e as mãos. Agora, lentamente, amplie o gesto levando seus ombros à frente, enquanto deixa o ar sair. Quando a expiração estiver completa, traga lentamente os ombros para trás enquanto inspira; agora, devagar, repita o gesto de esticar-se à frente para alcançar com mãos, braços e ombros enquanto expira. Faça várias vezes este exercício.

Você consegue sentir seu peito ficar mais suave enquanto faz o gesto de esticar-se à frente para alcançar? Consegue sentir que o movimento de esticar-se para alcançar parece vir do coração?

d. *Estender os ombros*: Alongue os braços para os lados. Levante seus dedos e empurre com o final da palma das mãos para aumentar o alongamento dos braços e ombros. Mantenha a posição durante algumas respirações e depois deixe os braços caírem lentamente ao longo do corpo. Tente manter os ombros descaídos enquanto faz o exercício. Repita-o duas ou três vezes.

Exercício 59 / Exercício para soltar o pescoço

Agora é um bom momento para soltar os músculos do pescoço. Os exercícios da seção anterior, "Trabalho com cabeça e pescoço", podem ser usados, bem como os próximos, que até agora não foram dados.

Incline a cabeça para a frente e para trás.

Gire a cabeça no sentido horário e no anti-horário.

Incline a cabeça para os lados. A cabeça deverá ser inclinada primeiro para a direita, e a face voltada para cima; depois para a esquerda e a face, novamente, voltada para cima. Isto pode ser repetido várias vezes.

Exercício 60 / Alongamento dos músculos do pescoço

Este exercício é similar ao da seção anterior, "Trabalho com cabeça e pescoço", mas aqui é feito com a pessoa sentada.

Coloque as mãos atrás da cabeça e cruze os dedos.

Puxe a cabeça para baixo, aumentando gradualmente a pressão (*pressure*).

Incline-se para a frente e continue exercendo a pressão (*pressure*) para sentir o alongamento atingindo as costas.

Volte à posição original mas mantenha as mãos na cabeça.

Coloque os polegares sobre os músculos da nuca e lentamente massageie-os, trabalhando da raiz do pescoço à base do crânio; massageie também ao longo da base do crânio.

Você conseguiu sentir a tensão dos músculos do seu pescoço? Na maioria das pessoas esses músculos são como anéis de tensão ao longo dos processos espinais das vértebras.

Você conseguiu sentir a tensão dos músculos da base do crânio? Esta tensão é uma causa comum de dores de cabeça.

Exercício 61 / Exercícios para os olhos

Os músculos dos olhos, como quaisquer músculos em outras partes do corpo, estão sujeitos a tensão. Relaxá-los ajuda a manter os olhos descontraídos.

Dois exercícios diferentes são usados com este objetivo; um envolve o contato ocular com outra pessoa do grupo, e o outro envolve movimentos dos olhos. É importante não deixar que seu olhar se torne fixo ou rígido. Não paralise o olhar; isto congela os olhos e evita o contato, as sensações e os sentimentos.

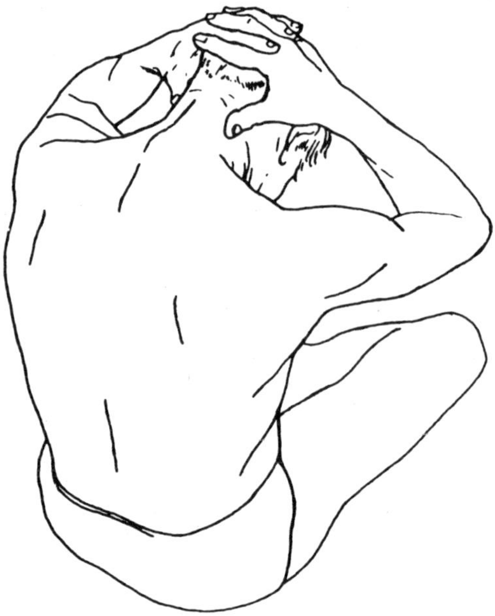

Fig. 38. Exercício para pescoço (sentado)

Permita-se piscar durante o exercício e mantenha os olhos em movimento. Aprenda a lançar os olhos e captar o que vê sem paralisar o olhar.

a. Se o exercício for feito com um grupo sentado no chão, em círculo, cada pessoa deve olhar cada uma das outras, que os olhos se toquem por um momento, por assim dizer. Quando os olhos se tocam sente-se um *flash* rápido de reconhecimento.

Você sentiu o contato entre seus olhos e os das outras pessoas? Você sentiu um rápido *flash* de reconhecimento?

Você lançou seus olhos ou paralisou o olhar? Você piscou?

b. Sem mexer a cabeça, olhe o máximo possível para a direita. Pisque e depois lance o olhar para cima e para baixo. Em seguida, olhe lentamente para a esquerda, pisque, e novamente lance os olhos para cima e para baixo. Repita o exercício duas vezes, e fique atento para qualquer tendência de "congelar" os olhos.

Você estava respirando durante o exercício? Achou difícil piscar ou mexer os olhos?

c. Sem mexer a cabeça, gire os olhos movendo-os primeiro para a direita, depois para cima, para a esquerda e para baixo. Faça lentamente vários círculos com os olhos. Repita o exercício na direção oposta.

Você estava prendendo a respiração durante o exercício? Você se esqueceu de piscar? Este exercício fez você se sentir tonto? Provocou-lhe uma leve dor de cabeça? Você sentiu alguma tensão nos músculos oculares ou na nuca, na base do crânio?

Exercício 62 / Exercícios faciais

Estes exercícios têm como objetivo soltar os músculos da face e, deste modo, remover a máscara que, inconscientemente, muitas pessoas usam. Ou seja, o objetivo é restituir à face toda a sua capacidade de expressão.

a. Projete o queixo à frente, mostre os dentes, faça uma expressão de raiva. Enquanto isso, deixe sair algum som.

b. Com o queixo projetado à frente, mova-o para cima e para baixo, vigorosamente, muitas vezes. Novamente, faça um som com o movimento.

c. Ainda com o queixo na mesma posição, mova-o para a esquerda e para a direita lentamente, até onde você puder.

d. Coloque a sua língua para fora, em ponta, e emita um som apropriado para expressar o seu desprezo por outra pessoa. Faça isto várias vezes.

e. Enrugue o nariz para cima e para baixo várias vezes.

f. Levante e abaixe suas sobrancelhas.

g. Queixo retraído e solto; estique os lábios à frente como um bebê faria, em direção ao peito. A sua boca deve estar aberta. Faça algumas vezes, lentamente.

Você estava prendendo a respiração enquanto fazia estes exercícios?

Sentiu alguma vibração nos lábios ou no maxilar? São respostas positivas aos exercícios.

Você sentiu algum formigamento no seu rosto? Isto é sentido primeiro na boca.

O seu rosto parece mais solto? Um dos resultados destes exercícios é tornar sua pele mais saudável e com mais vida.

Fig. 39. Exercitando os lábios

EXERCÍCIOS PARA SE FAZER DEITADO

É importante a pessoa estar deitada ao fazer exercícios porque assim se elimina a pressão (*stress*) da gravidade. Além disso, esta posição tem um aspecto regressivo, que sugere a volta a uma atitude corporal infantil; esta facilita um "deixar de lado" o controle.

A posição básica é deitar-se de costas, com os braços ao longo do corpo e os joelhos dobrados, de modo que os pés fiquem com as solas totalmente sobre o chão, 20 cm separados. O chão deve estar coberto por um tapete grosso ou um colchonete de espuma. Deixe sua cabeça voltada para trás o máximo que der, de forma que você não fique se olhando.

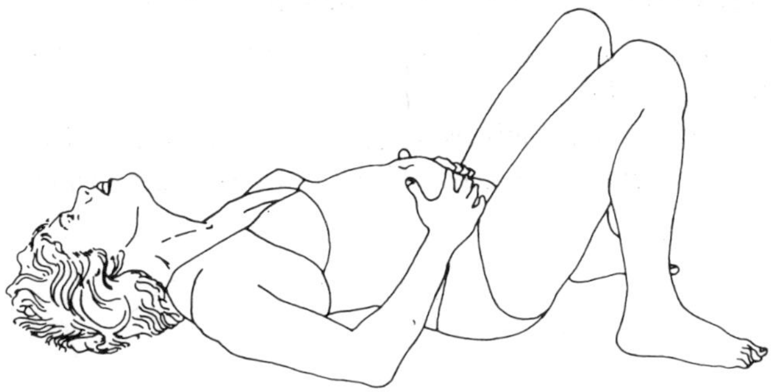

Fig. 40. Respiração básica

Exercício 63 / Respiração básica

Deixe sua barriga solta para fora o maior tempo possível e respire abdominalmente.

Coloque as suas mãos suavemente sobre a barriga e sinta o movimento de subir e descer das paredes do abdômen enquanto você inspira e expira.

Faça este exercício por um minuto mas não force a respiração.

A sua barriga se moveu para cima com a inspiração e para baixo com a expiração? Se isto não aconteceu você não fez uma respiração abdominal.

Você sentiu alguma tensão em sua garganta? Peito? Diafragma?

As suas pernas estavam vibrando? Isto pode acontecer se você fizer este exercício depois dos outros. As suas pernas estarão então altamente carregadas.

Exercício 64 / Vibrações com a perna

Este é um excrcício simples para fazer suas pernas vibrarem. A vibração é induzida através do alongamento e do relaxamento dos tendões dos músculos.

Deite de costas, levante as pernas na vertical sem trancar os joelhos.

Mantenha os joelhos levemente dobrados, flexione os tornozelos e empurre para cima com os calcanhares.

Fig. 41. Vibração das pernas. Vide Fig. 10

Se necessário, dobre e estire os joelhos, sem trancá-los, para conseguir as vibrações.

Respire tranqüilamente e deixe as pernas vibrarem por um minuto mais ou menos. Veja a fig. 41.

Exercício 64-A / Variação

Faça o mesmo que no exercício anterior, mas segure os dedos de cada pé com a respectiva mão.

Exercício 65 / Soltar os tornozelos

Com as pernas levantadas, como no exercício anterior, flexione e estenda o pé várias vezes.

Gire os pés num movimento circular, traga-os um na direção do outro para iniciar a rotação e faça vários círculos.

Agora inverta a direção do movimento e faça vários círculos.

Coloque as solas dos pés inteiramente sobre o chão. Estenda uma perna. Balance vigorosamente o tornozelo. Repita com a outra perna.

Exercício 66 / Fazendo um arco com as costas

Coloque um cobertor enrolado sob a linha da cintura; você estará deitado com os joelhos dobrados, solas do pé inteiramente sobre o chão. Veja se pode manter as nádegas em contato com o chão.

Respire profundamente até a barriga.

Deixe a cabeça cair para trás.

Mantenha a posição até que ela se torne dolorosa.

Você sentiu, no começo do exercício, alguma dor na parte inferior das costas? Se sentiu, é sinal de tensão nesta

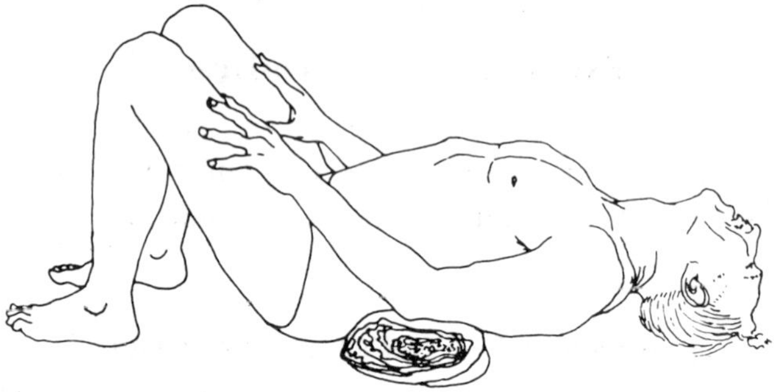

Fig. 42. Deitado sobre o cobertor enrolado

área, o que é muito comum em um grande número de pessoas.

Você conseguiu manter as nádegas no chão? Se a região inferior das costas está tensa e rígida, você não conseguirá fazê-lo.

Você conseguiu relaxar com a dor? Se conseguiu, perceberá que a dor irá diminuir.

Exercício 67 / Inversão do arco

Coloque o cobertor enrolado sob as nádegas e traga os seus joelhos em direção ao peito.

Perceba que esta posição é muito relaxante após o exercício anterior.

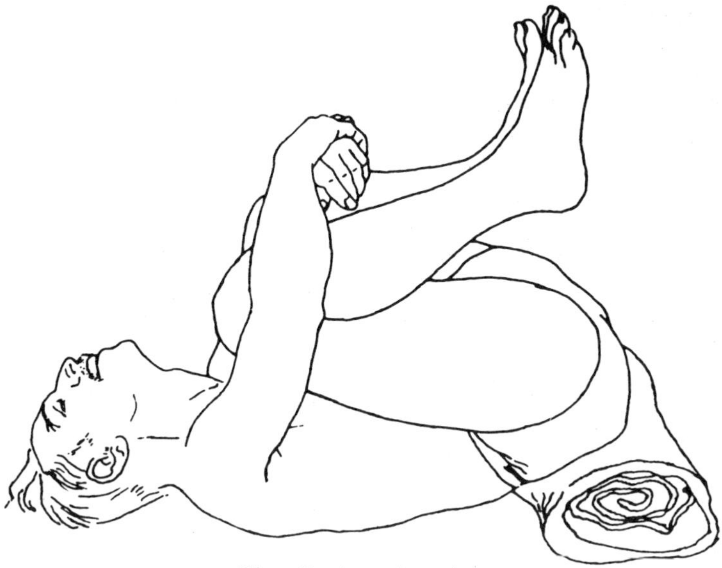

Fig. 43. Arco invertido

Exercício 68 / Batidas com a pelve

Para este exercício a pessoa deve estar deitada, com os joelhos dobrados e os pés totalmente apoiados no chão. Coloque um cobertor dobrado sob as nádegas.

Suspenda a pelve acima da toalha e solte-a sobre o cobertor com força suficiente para provocar um leve tremor no corpo.

Faça isto várias vezes para que a pelve se solte, através destes balanços. Este exercício também pode ser feito usando sua voz, como num exercício expressivo.

Isto será descrito no próximo capítulo.

Exercício 69 / Alongamento da parte de dentro das coxas

A posição é a mesma do exercício anterior, com as nádegas apoiadas sobre um cobertor enrolado.

Estenda ambas as pernas para os lados, o mais afastadas possível.

Segure-se ao cobertor com as mãos.

Empurre os calcanhares para cima.

9

Exercícios expressivos

Estes exercícios servem para ajudar as pessoas a expressar seus sentimentos, enquanto os exercícios-padrão concentram-se no contato com o corpo e no relaxamento de suas tensões, sem liberação emocional concomitante. A inibição da expressão dos sentimentos leva a uma perda dos mesmos, e esta é uma perda da vitalidade. Os sentimentos são a vida do corpo assim como os pensamentos, a vida da mente.

As crianças suprimem muito de seus sentimentos de forma a se adaptarem às suas condições familiares. Começam por conter suas expressões de medo, raiva, tristeza ou alegria, porque pensam que seus pais não podem lidar com estes sentimentos. Como resultado, tornam-se ou submissas ou rebeldes; e nenhuma destas atitudes representa a expressão genuína de tais sentimentos. A rebeldia é muitas vezes uma capa que encobre necessidades; a submissão é freqüentemente a negação da raiva e do medo.

Os sentimentos surgem como impulsos ou movimentos espontâneos do cerne do indivíduo. Para suprimir um sentimento, tem-se de amortecer ou restringir a vitalidade ou a motilidade do corpo. Então, o esforço para suprimir um certo sentimento é o esforço para diminuir todos os sentimentos. E enquanto há vida no corpo, existe um potencial para o sentir.

O trabalho com a expressão de sentimentos, em terapia, numa aula de exercícios ou em casa, ajuda as pessoas a entrarem em contato com partes dos sentimentos suprimidos de sua personalidade. O problema é: elas poderão lidar com estes sentimentos, conforme eles surgirem, através dos trabalhos com o corpo? Corre-se aí um certo risco, mas há também uma garantia inerente: a maioria das pessoas não permite que apareçam mais sentimentos do que podem agüentar. Estar em terapia é uma outra proteção, desde que um terapeuta competente possa ajudar a pessoa a conter e lidar com sentimentos novos e assustadores e a entender sua origem e assim prevenir uma atuação sobre os mesmos.

Considera-se uma atuação de sentimentos quando estes surgem num contexto mas são expressos em outro. Por exemplo, se um homem é humilhado por seu superior no trabalho e não pode ou não ousa exprimir seu ressentimento, ele pode chegar em casa e bater nos seus filhos. Sentimentos de situações da infância aparecem freqüentemente como atuações na vida adulta, em detrimento de todas as pessoas envolvidas. Uma mulher que se ressente da indiferença de seu pai quando criança, pode "jogá-la", como se costuma dizer, em cima de seu marido.

Expressar sentimentos num contexto controlado ou numa aula de exercícios, em geral, descarrega muito da excitação, de modo que o sentimento pode ser mantido dentro de limites adequados. Aqui vai um exemplo de como isto pode ser feito também em casa. Muitas donas-de-casa consideram intoleráveis as frustrações e desapontamentos de suas vidas diárias.

Geralmente dão vazão a esta raiva em cima dos filhos, que não são nem os agentes responsáveis nem os objetos apropriados para tais sentimentos. As mães que fizeram terapia bioenergética perceberam que ir para o quarto e bater na cama com uma raquete de tênis descarrega os aborrecimentos ou a raiva, sem machucar nenhum ser inocente. Uma vez descarregado o sentimento, seu comportamento tornava-se mais razoável; desta forma evitavam tornar-se muito tensas por tentar conter a raiva.

Esta é uma prática bioenergética padrão. Um dos melhores conselhos que a bioenergética oferece é dar uma tremenda surra com uma raquete de tênis ou com os punhos num colchão, em vez de ficar remoendo os sentimentos ou esbravejar com seus filhos.

Exercício 70 / Espernear a partir dos quadris

Este exercício também é feito a partir da mesma posição.

Os joelhos são trazidos para o peito.

Segurando o cobertor com as mãos, esperneie à frente, com força, usando o calcanhar esquerdo.

Traga este joelho para trás e esperneie com o calcanhar direito.

Repita isto algumas vezes, alternando as pernas. O movimento de espernear deve ir para a frente, na linha do corpo, e não para cima.

O movimento foi feito a partir dos quadris e não dos joelhos? Para atingir o movimento necessário dos quadris, traga os joelhos bem para trás, na direção do peito.

Você sentiu vontade de dizer "cai fora!"? Quando estas palavras são usadas, o exercício torna-se expressivo.

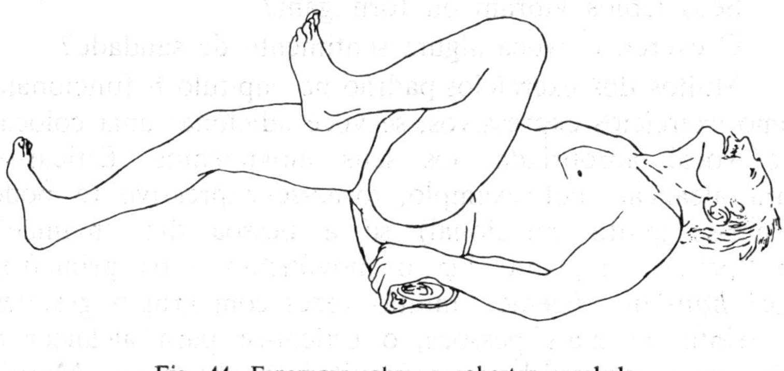

Fig. 44. Espernear sobre o cobertor enrolado

Exercício 71 / Esticar para alcançar

A posição para este exercício é a mesma do primeiro desta parte, o de respiração.

Estique os dois braços para cima, como se você fosse um bebê querendo alcançar sua mãe.

Faça um esforço para estender cada vez mais o gesto de alcançar, a cada expiração.

Você sente que está se segurando?

Suas mãos caem como num gesto inútil, fútil?

Você se sentiu esticar tentando alcançar?

Exercício 72 / Esticar para alcançar com os lábios

Deixe os braços ficarem caídos para os lados e faça com os lábios o movimento de esticar para alcançar, como se você estivesse sugando, tal como no exercício 62 da seção precedente. Veja fig. 39, na página 124.

Deixe a boca aberta e a mandíbula inferior solta.

Retraia os lábios e estenda-os novamente, no movimento de esticar para alcançar.

Quando os lábios se movem para fora, seu queixo vai para a frente numa expressão de desprezo?

Você consegue manter a respiração profunda e fácil enquanto tenta alcançar com os lábios esticados?

Seus lábios vibram ou formigam?

O exercício evoca algum sentimento de saudade?

Muitos dos exercícios-padrão no capítulo 8 funcionam como exercícios expressivos, se você adicionar uma colocação vocal apropriada aos seus movimentos. Esticar-se para alcançar, por exemplo, torna-se expressivo (e pode tornar-se muito emocional) se a pessoa diz "mamãe" ou "papai" enquanto faz o movimento. Nos primeiros *workshops* que fizemos, muitas vezes com grupos grandes de trinta ou mais pessoas, o esticar-se para alcançar a mãe ou o pai pôde levar muitos a chorarem. Muitas pessoas em nossa sociedade têm uma considerável repressão do desejo de proximidade em relação a um ou ambos os pais, desejo esse que não conseguiram expressar quando crianças. Se o desejo não foi completamente suprimido, mobilizar o corpo através de outros exercícios e carregá-lo através da respiração, em geral, trará este sentimento à superfície.

Nós também já mencionamos como o exercício de espernear pode se tornar uma ocasião para a auto-expressão, dizendo-se: "Caia fora!". Se você conseguir acordar um sentimento enquanto faz exercício, e depois expressá-lo em palavras, o procedimento pode tornar-se bastante intenso e carregado.

Exercício 73 / Espernear no colchão

Faça este exercício numa cama sem bordas, ou então, num colchão ou colchonete de espuma sobre o chão. Deite com as pernas estendidas. O exercício é feito levantando-se alternadamente cada perna e batendo-a fortemente contra o colchão. A perna toda deve fazer contato com o colchão, não só o calcanhar. Mantenha as pernas levemente esticadas enquanto fizer este exercício, mas não duras ou rígidas.

Esperneie na cama com cada perna alternadamente, de maneira rítmica: uma perna se levanta enquanto a outra abaixa.

Tente fazer com que o movimento se origine nos quadris mais que nos joelhos. Faça isto levantando a perna o mais possível, antes de começar a espernear, sem dobrar os joelhos.

Diga "não" a cada batida, com uma voz sonora e determinada.

Agora emita um sonoro e prolongado "não" enquanto esperneia várias vezes, vigorosamente.

Seu espernear pareceu efetivo? Ou você se sentiu impotente?

Sua voz mostrou convicção ou soou hesitante e amedrontada?

Você conseguiu sustentar um espernear veemente ou ele se esgotou depois do gesto inicial?

Houve uma coordenação rítmica entre a expressão vocal e o movimento?

Fig. 45. Espernear

Exercício 73-A / Variação

Agora use a expressão "por quê?" em vez de "não". Esta expressão faz mais sentido do que o "não" para muitas pessoas, provavelmente porque quando crianças lhes foi dito que não tinham o direito de questionar os ditames de seus pais.

Tente prolongar o som de "por quê", enquanto esperneia. Você pode chegar espontaneamente a um grito, e, nesse caso, suas sensações e sentimentos terão atingido o clímax. Você se sentirá relaxado e aliviado, depois disso.

Exercício 74 / Espernear ritmicamente

Este exercício é só parcialmente expressivo porque é feito sem expressão vocal. Sua intenção é fazer perceber que as pernas servem como órgãos de auto-expressão. Este exercício ajuda a fortalecer e carregar as pernas. Também melhora e beneficia sua respiração.

Esperneie ritmicamente, tal qual no exercício precedente, contando as batidas; cada perna conta uma.

Esperneie tanto quanto puder, ritmicamente. Digamos que sessenta é seu limite (aliás, baixo). Faça o exercício duas vezes.

No dia seguinte, faça o mesmo exercício, acrescentando mais dez movimentos.

Você terá de graduar conforme suas possibilidades. Se dez for muito, aumente só cinco.

Cada dia ou dia sim, dia não, tente aumentar o número de movimentos de espernear. Quando alcançar 200, é o suficiente.

As pessoas mais idosas têm mais dificuldade neste exercício pois suas pernas estão mais retesadas e seus músculos menos flexíveis. O processo de envelhecimento parece atingir primeiro as pernas. Fazendo estes exercícios regularmente, você pode ajudar suas pernas a permanecerem mais flexíveis e cheias de vida. É um dos exercícios recomendados aos pacientes em terapia bioenergética, para ser feito em casa, e será incluído na seção de exercícios para casa, no capítulo 13.

Exercício 75 / Golpear com os braços

Este exercício é muito difícil de se fazer. Deite-se no colchão, com os joelhos dobrados e a planta dos pés em total contato com o chão.

Feche as mãos e levante os punhos acima da cabeça.

Golpeie o colchão com os dois punhos ao longo do corpo e diga "não" a cada impacto.

Repita a manobra algumas vezes.

Os impactos foram efetivos? Seu "não" foi convincente?

Você sentiu que tem o direito de dizer "não"?

Exercício 75-A / Variação

Repita o mesmo movimento do exercício 75, mas diga "Eu não quero" em vez de "não". Esta expressão é muito forte, com mais ego(eu).

Exercício 76 / Acesso de birra

Este exercício não deve ser feito a sós. Nem deve ser usado em aulas, a não ser que os participantes tenham tido considerável experiência com o trabalho de bioenergética. Nós o usamos em sessões de terapia, onde serve para ajudar as pessoas a se soltarem. Ele é poderoso tanto física como psicologicamente.

Nós o incluímos aqui para dar ao leitor uma idéia da extensão dos exercícios expressivos. Não é um exercício perigoso, mas pode levar à tontura, se você está se controlando de modo rígido.

Fig. 46. Acesso de birra

Deite-se num colchão na cama ou num colchonete no chão. Dobre os joelhos, de modo que os pés fiquem totalmente apoiados no chão.

Comece a bater os pés contra o colchão, alternadamente; os joelhos deverão estar dobrados.

Traga bem os joelhos de volta em direção ao corpo, de modo que você esteja fazendo um movimento onde usa mais os quadris do que os joelhos.

Faça isto algumas vezes e pare.

Comece a bater os pés novamente contra o colchão. Enquanto isso, bata os punhos contra o colchão, alternadamente. Agora, você estará usando braços e pernas.

Repita o procedimento acima e deixe sua cabeça virar para a esquerda e para a direita com o movimento do seu corpo.

Com a voz firme e forte, grite ou berre "Eu não quero!" enquanto faz o movimento.

A chave deste exercício é a coordenação entre os movimentos das pernas, braços e cabeça. Quando o exercício é executado adequadamente, o corpo se move como uma unidade. A perna e o braço esquerdos se movem juntos; isto é, ambos batem no colchão ao mesmo tempo. A cabeça vira a favor do lado da batida e não fugindo dela. Se o braço esquerdo se move junto com a perna direita, é como se a pessoa tivesse propósitos conflitantes.

Feito corretamente, o corpo se move como um pião. É bonito de se observar. É estranho, mas você não sentirá tontura nesta situação, se fizer o exercício corretamente. A tontura se desenvolve quando você não está se entregando total e livremente ao movimento; quando há um conter-se inconsciente, contra a expressão.

Exercício 77 / Esticar para alcançar com lábios e braços

Este exercício permite às pessoas experimentarem o desejo de uma criança por sua mãe. Pode se tornar muito emocional quando a palavra "mamãe" é usada e o desejo evocado.

Deite no chão com os joelhos dobrados e os pés completamente apoiados. Respire fácil e profundamente até com a barriga.

Estique os braços para cima para alcançar, e os lábios também, como na fig. 39 (veja página 124).

Diga "mamãe" e sinta quanto sentimento você pode trazer para sua voz e braços.

Você tem a sensação de conter o que está sentindo?

Isto o embaraça? Você se sente ridículo esticando-se à frente como um bebê? Lembre-se de que somos todos criança no coração e de que temos dois pais a quem sempre estaremos ligados, do fundo do coração.

O esticar-se para alcançar traz algum sentimento de tristeza? Se é assim, você consegue chorar ou na sua garganta fica um nó?

Exercício 78 / Exigir

Em vez de esticar-se para alcançar, como no exercício anterior, feche os punhos e levante-os à sua frente.

Sacuda-os com força.

Diga "Por quê?", "Por que você não ficou?", "Por que você não se importa?". Você pode usar qualquer outra expressão que lhe pareça apropriada.

Você conseguiu trazer alguma emoção para a expressão verbal? Se você não conseguiu, isto indica que você está se contendo, ou porque a situação é inapropriada, ou porque você está inibido.

Exercício 79 / Expressar raiva

Uma pessoa pode se sentir livre o suficiente para expressar fisicamente sua raiva onde seja apropriado. A maioria das pessoas estão por demais assustadas pela violência para se sentirem *capazes* de expressar a raiva fisicamente, sem uma situação de extrema provocação. Há um tabu na nossa cultura contra bater, o que não é bom, pois na maioria das vezes funciona para manter pessoas inocentes despreparadas frente aos brigões.

Fique de pé em frente de uma cama. Será melhor se a cama tiver um colchão de espuma de borracha, de modo que nem você nem a cama se machuquem. Este exercício é indispensável se você sofre de tensões na cintura escapular, porque estas estão em grande medida relacionadas com a inibição do uso dos braços para atacar. Existem outras variações para o exercício.

Fique de pé com os pés separados cerca de 35 cm e dobre levemente os joelhos.

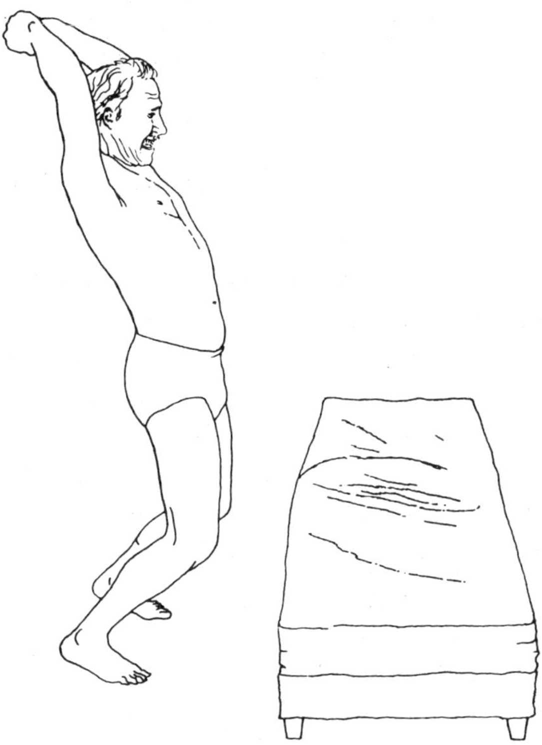

Fig. 47. Bater com os punhos

Feche os punhos e levante-os acima da cabeça.

Levante os cotovelos e empurre-os o máximo possível para trás.

Agora bata com força na cama, com os dois punhos, mas de modo que o movimento saia livremente, sem forçá-lo.

Diga qualquer palavra que expresse um sentimento de raiva. Se você quiser use palavras como "não", "não quero", "me deixe", "dane-se" ou "eu te odeio".

Você conseguiu sentir se as pancadas foram efetivas, ou você as sente impotentes?

Você consegue sentir alguma emoção com o exercício? Não é necessário ter um sentimento forte para tornar esse exercício significativo.

Você fica assustado com seu próprio potencial para a violência? Neste caso, o uso repetido do exercício irá reduzir sua ansiedade e proporcionar-lhe mais controle sobre sua raiva.

Exercício 80 / Usar uma raquete para expressar raiva

O mesmo exercício é feito usando-se uma raquete de tênis em vez dos punhos. A raquete confere uma sensação de potência e ajuda a superar a sensação de impotência.

Levante a raquete acima de sua cabeça e desfeche golpes sucessivos com a superfície plana da raquete sobre o colchão. Diga quaisquer palavras que expressem algum sentimento que você tenha. Lembre-se de que você não está machucando ninguém com este exercício.

Você teve alguma satisfação com seus golpes?

O som dos golpes o assustou? Pareceram muito violentos? Você se amedrontou de poder querer matar alguém? Se você puder aceitar e expressar este sentimento ("Eu vou te matar") enquanto bate no colchão, você descarregará parte de sua raiva assassina e ganhará controle

Fig. 48. Bater com a raquete de tênis

sobre o sentimento. Haverá menor probabilidade, então, de descarregar tal ira numa situação da vida real.

Exercício 81 / Batidas rítmicas

Este é um exercício que nós mesmos usamos e que muitos pacientes usam regularmente. É como o espernear ritmado e serve para fortalecer os braços, desenvolver a coordenação do movimento dos mesmos, e desfazer a tensão da cintura escapular.

Levante os dois punhos, ou a raquete de tênis, e bata vinte vezes no colchão.

As pancadas devem ser ritmadas, nem muito devagar nem muito depressa.

Inspire quando os braços estiverem para cima, e expire totalmente quando vierem para baixo.

Alongue os braços ao máximo por trás da cabeça para mobilizar o máximo de energia para o movimento. Observe uma conhecida lei da ação muscular: quanto mais você alongar, mais efetiva e poderosa será a contração resultante. Você não tem de bater com muita força. A potência da pancada vem do alongamento e do ritmo do movimento. Pense em arremessar uma flecha. Similarmente, não há que empurrar o arremesso. Se houver um completo alongamento o golpe sairá espontaneamente à medida que você se deixa ir. Depois que conseguir dar vinte pancadas sem esforço, aumente o número regularmente até atingir quarenta ou cinqüenta.

Exercício 81-A / Variação

Um outro exercício deste tipo é o de dar socos no colchão, alternando os braços. Este exercício envolve o alongamento de músculos do corpo, não atingidos pelo exercício anterior. Novamente, o importante é: manter os braços soltos, flexíveis e alongados antes de cada pancada.

Inspirar ao alongar-se por completo e expirar com a descarga do movimento.

Tente levar cada punho atrás e acima de cada orelha, do outro lado do corpo, para conseguir a tensão máxima para a pancada.

Exercício 82 / Agressão

Em lato senso a palavra significa "mover-se em direção a". As pessoas geralmente a usam denotando "ir atrás do que está a fim". Uma pessoa agressiva é aquela

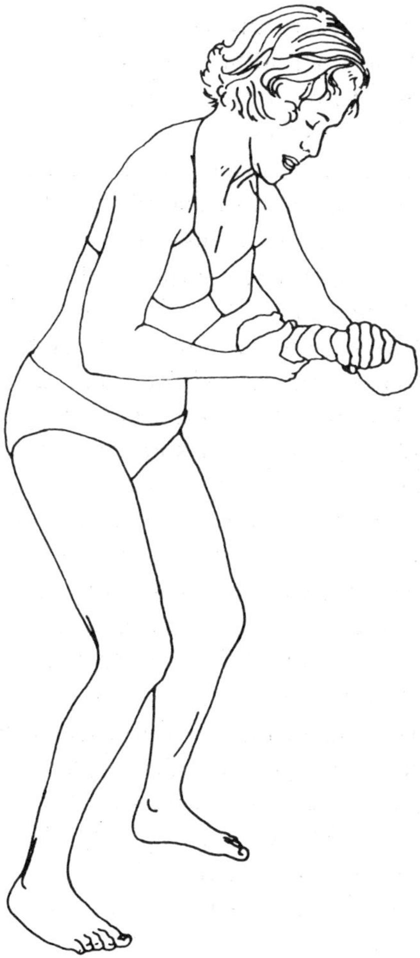

Fig. 49. Torcendo a toalha

que vai ativamente em busca da realização de seus desejos. Falta de agressão significa passividade — espera, em vez de avançar em busca de.

Um bom exercício de agressão é torcer uma toalha. Pegue uma toalha de rosto de tamanho médio e a enrole.

Então, torça a tolha com as duas mãos o mais forte possível.

Enquanto estiver torcendo a toalha, diga "me dá". Continue torcendo a toalha e dizendo "me dá".

Você conseguiu atingir o ponto de sentir que pode obter aquilo que deseja?

Você afrouxou o aperto depois de cada exigência ou conseguiu manter a continuidade?

Sua voz soou forte e segura?

Você teve a sensação de que pode obter o que deseja? Não seria isso uma coisa boa de se sentir?

Toda ação expressiva é um ato agressivo, no sentido de ser um "mover-se para fora", em direção ao mundo, apoiado nos sentimentos ou na energia pessoal. Não devemos pensar em agressão somente nos termos negativos da ciência política. Ir em busca do amor é uma ação agressiva. Dizer "Eu te amo" é tão agressivo quanto dizer "Eu te odeio". A agressão está na ação de ir em busca ou dizer, não no conteúdo das palavras. Por outro lado, ter sentimentos que não se consegue expressar é um sinal de passividade. Todo ato auto-expressivo envolve algum grau de agressão.

Para ser completamente auto-expressivo, o corpo tem de estar livre de suas tensões, especialmente daquelas que bloqueiam nossa agressividade natural. Porque nossa agressão tem sido bloqueada desde a infância é preciso um considerável trabalho para libertá-la. O uso repetido destes exercícios pode ser de grande ajuda nesta tarefa.

10

Trabalho com o banco de bioenergética

Deitar-se sobre o banco de bioenergética é uma parte importante do trabalho bioenergético de corpo. Ajuda a alongar os músculos contraídos das costas o que, de outra forma, é muito difícil de se conseguir. Ajuda a respirar mais profundamente sem se fazer um grande esforço consciente. Se você se deita sobre o banco e consegue relaxar nessa posição tensionante, sua respiração torna-se espontaneamente mais profunda. Você não tem de se esforçar para conseguir isto. Da mesma forma, a própria posição alonga e alivia os músculos tensos das costas.

O banco de bionergética usado agora é uma adaptação do banco de madeira para cozinha usado originalmente. Um ou dois cobertores enrolados são amarrados ao banco. Nós usamos cobertores de exército porque, enrolados, ficam mais firmes. O banco tem 60 cm de altura e os cobertores enrolados acrescentam outros 15 ou 20 cm. Como em sua versão original, o banco tem as pernas abertas e ligadas por cruzetas que dão uma base sólida e larga. A figura 50 mostra como é esse banco. Uma baguete de madeira de 2,5 cm é colocada abaixo do assento (na ilustração é inserida através de buracos) e se projeta de 12 a 15 cm de comprimento, em ambos os lados. Servem para você se segurar e ajudam no momento de se levantar do banco. Os bancos de bioenergética são encontrados em vários fabricantes, e o preço varia de acordo com a madeira e mão-de-obra usadas.

Existem várias formas de trabalhar com o banco. O exercício básico é deitar-se com as costas sobre o banco, com o rolo de cobertores no nível da parte inferior das omoplatas, na mesma linha dos mamilos. Este nível está perto de onde os brônquios (duto aéreo) se dividem em dois ramos, cada um dirigindo-se para um dos pulmões. É uma área de constrições severas, na maioria das pessoas. Ao deitar-se no banco, a pessoa estica os braços para trás, alcançando com as mãos uma cadeira colocada logo atrás do banco.

Exercício 83 / Deitar-se sobre o banco

Para ficar sobre o banco com facilidade, fique de pé indo com as costas para trás e apoiando as duas mãos no rolo de cobertor atrás de você. Então, bem devagar, vá baixando suas costas até que elas se apóiem no rolo e deixe os braços soltos. O banco agüentará o seu peso. Agora vá levantando os braços até alcançar a cadeira atrás de você.

Fig. 50. O banco bioenergético

Dobre os joelhos, mantendo os pés totalmente apoiados no chão.

Fique deitado no banco o quanto for razoável para você, mas não mais de um minuto, da primeira vez. Tente sentir o que vai acontecendo no seu corpo.

Quando você for levantar, não o faça imediatamente. Levante a cabeça e coloque as mãos cruzadas atrás dela como suporte; veja a figura 52, pág. 150. Esta é a posição de descanso que permite à respiração profunda continuar sem tensão.

Você conseguiu alcançar a cadeira atrás de você? Sentiu alguma dor na parte superior das costas, no lugar onde encostavam no banco?

Se suas costas estavam muito rígidas e contraídas, provavelmente você não conseguiu tocar a cadeira e o alongamento pode ter sido bem doloroso. Levante-se e tente outra vez. A dor em geral desaparece com a prática, à medida que os músculos das costas relaxarem. Com o tempo, o exercício pode se tornar até prazeroso.

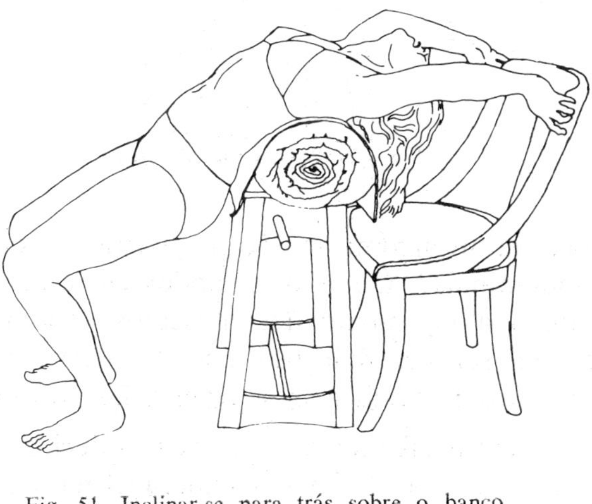

Fig. 51. Inclinar-se para trás sobre o banco

Se você tiver bursite em um ombro, achará impossível alongar esse braço para trás para tocar a cadeira. Não se force a isto. Faça o exercício esticando um só braço para trás. Entretanto, em todos os casos com os quais trabalhamos, os exercícios de ombros descritos no capítulo 8 aliados ao uso contínuo do banco resultaram num alívio notável da bursite.

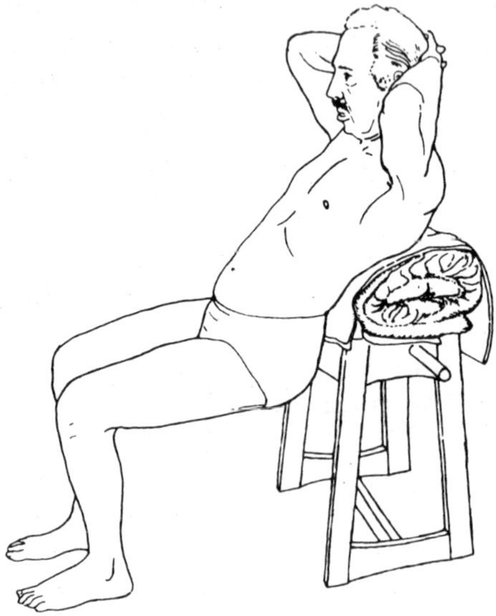

Fig. 52. Posição de descanso

Você sentiu alguma tensão no diafragma ou nos músculos abdominais? Quando o abdômen está fortemente contraído, o alongamento dos músculos abdominais nesta posição pode ser algo doloroso. Esta dor desaparece quando estes músculos relaxam com a respiração profunda.

Você sentiu alguma dor na parte inferior das costas? De novo, isto é sinal de uma considerável tensão nesta área.

Você conseguiu sentir os seus pés no chão? Se conseguiu, você deve ter percebido uma carga ou excitação fluindo para eles, manifestada por um formigamento ou outras parestesias (sensação de alfinetadas). Você sentiu formigamento nos braços ou na face?

Você teve algum problema para respirar? Sentiu sua garganta apertada ou com certa sufocação? Isto é um sinal de que inconscientemente você está se contendo para não respirar profundamente. Você pode superar este problema, até certo ponto, emitindo um som enquanto expira. A sensação de sufocação pode ser causada também por um bloqueio do impulso de chorar, isto é, de "sufocando". Se você sente este impulso, tente expressá-lo.

Role-se para trás e para a frente várias vezes, cada vez tentando alongar os braços mais para trás.

Quando sentir que os músculos relaxaram um pouco, tente segurar as costas da cadeira por trinta segundos ou um minuto.

Levante-se para a posição de descanso com as mãos atrás da cabeça e respire tranqüilamente por um pouco de tempo.

Quando você decidir sair do banco (você não deve ficar mais de dois minutos por vez), coloque as mãos sobre o rolo ou nas baguetes e empurre-se para cima até ficar sobre seus pés.

Exercício 83-A / Variação

Se a posição descrita no exercício 83 for difícil para você atingir ou manter por mais de poucos segundos, há um exercício de rolar que usamos para diminuir a pressão (*stress*).

Com suas costas sobre o banco, levante os braços para cima e vá esticando-os para trás tanto quanto der, e depois para cima novamente. Deixe que a cabeça siga o movimento dos braços. Desta maneira, você faz uma pressão (*stress*) apenas momentânea nos ombros e costas, em vez de uma contínua, como no primeiro exercício.

Repita o exercício 1.

Exercício básico de vibração e *grounding*.

Depois de ter estado no banco, em qualquer das posições, você deverá inverter a posição de arco, dobrando-se à frente. Isto é feito com o primeiro exercício, página 19, figura 2. Você deve ter notado que em todos os exercícios de bionergética, o movimento feito numa direção é seguido de outro, na direção oposta. Tal procedimento aumenta a plexibilidade do corpo e, por extensão, a flexibilidade da personalidade.

Exercício 84 / Diferentes posições no banco

O banco de bioenergética é usado para alongar e relaxar todos os músculos das costas. Nos exercícios 83 e 83-A a pressão (*stress*) foi focalizada na parte superior das costas. Mas pode ser também dirigida a outras áreas das costas, simplesmente se apoiando mais para cima ou para baixo no banco. Se você se deitar no banco com o rolo de cobertor no meio das costas, a pressão (*stress*) afetará os músculos desta área, assim como o diafragma, que tem sua inserção nas vértebras medianas.

O banco pode ser colocado na frente de uma cama para lhe dar maior segurança quando se inclinar para trás. Veja a fig. 53.

Apóie-se nas mãos sobre o banco atrás de você e deixe o meio das costas apoiar-se no rolo de cobertor.

Se a pressão (*stress*) for muito grande, levante-se para a posição de descanso descrita acima. Depois tente voltar para o banco novamente. Desde que a tensão é uma expressão de medo, você vai achar o exercício mais fácil à medida que se familiarizar com ele.

Se puder, deixe os braços irem por cima da cabeça até tocarem a cama atrás de você.

Fique nesta posição cerca de um minuto, respirando e sentindo seu corpo. Volte para a posição de descanso e permaneça por trinta segundos.

Esta pressão (*stress*) foi muito grande para você? Conseguiu sentir a tensão no meio das costas?

Você teve dificuldade em respirar nesta posição? Conseguiu sentir a tensão no diafragma? Quando você sair do banco, dobre-se para a frente como no exercício 1, o exercício básico de vibração (veja página 19), e deixe suas pernas vibrarem um pouco.

Exercício 85 / Alongamento da região lombar das costas

No começo, a maioria das pessoas acha este exercício muito extenuante.

Com a prática, ele vai se tornando um pouco mais fácil. Nós o usamos regularmente nas sessões de terapia, para relaxar os músculos da região lombar das costas e para abrir a pelve.

O banco deve estar em frente da cama. Se esta for muito baixa, coloque uma almofada para sobre ela apoiar a cabeça. Fique de pé, dando as costas para o banco, coloque as mãos no rolo e deite sobre o cobertor a parte inferior das costas.

Deite-se sobre o banco, deixando a cabeça repousar sobre a almofada ou cama.

Deixe as mãos soltas, apoiadas nas baguetes do banco, até você se sentir relaxado. Permaneça com os pés completamentes apoiados no chão.

Permita-se acompanhar a dor da parte inferior das costas e respire tranqüila e profundamente.

Tente deixar a pelve pendida. Não fique nesta posição mais de um minuto, e levante-se para a posição de descanso quando a dor for muito forte.

Você foi capaz de relaxar nesta posição de pressão (*stress*) por trinta segundos? Sua habilidade para tolerá-la depende do quanto a parte inferior das costas esteja distensionada.

Você se sentiu como se suas costas fossem se quebrar? Esta sensação representa um medo intenso.

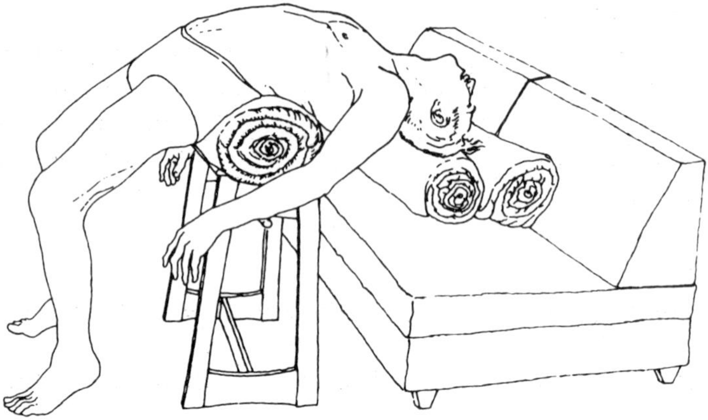

Fig. 53. Região lombar das costas no banco

Você respirou até dentro da pelve? Quanto mais você relaxar nesta posição mais profunda será sua respiração.

Você conseguiu deixar a pelve pender e manteve os pés no chão?

Dobre-se para a frente tal como depois do exercício anterior, para que as vibrações nas pernas ocorram novamente. Você agora poderá ter vibrações fortes através da área pélvica.

Exercício 86 / Alongamento pélvico

Neste exercício, coloque as nádegas no banco e arqueie o corpo para trás. O banco deve estar na frente da cama e sua cabeça apoiada nela. Segure no rolo ou nas baguetes com as duas mãos. Seus pés ficarão fora do chão.

Deixe que os pés fiquem pendurados, fazendo pressão para baixo com os calcanhares.

Permaneça nesta posição por um minuto, respirando tranqüilamente.

Segurando com firmeza nas baguetes, levante os pés no ar e empurre vigorosamente os calcanhares para cima, flexionando os tornozelos. Suas pernas deverão vibrar nitidamente nesta posição.

Para sair do banco, dê um forte impulso, com as pernas para baixo, enquanto segura as baguetes. Este impulso fará com que a parte superior do corpo se levante do banco e com que seus pés atinjam o chão. Veja a fig. 54, nesta mesma página.

Você sentiu algum formigamento nas pernas, nesta posição? E alfinetadas nos pés?

Este exercício trouxe mais sensações à pelve?

Conseguiu sentir a contração das nádegas?

Suas pernas vibraram fortemente, quando levantadas no ar?

Exercício 87 / Espernear, usando o banco

É uma variação do precedente e tem como objetivo levar carga mais forte para as pernas enquanto a pelve está estendida. É feito na mesma posição do exercício anterior, quando você se deitou no banco sobre as nádegas.

Segure nas baguetes do banco, traga um joelho para cima e esperneie forte à frente com o calcanhar. Tente direcionar o movimento para baixo.

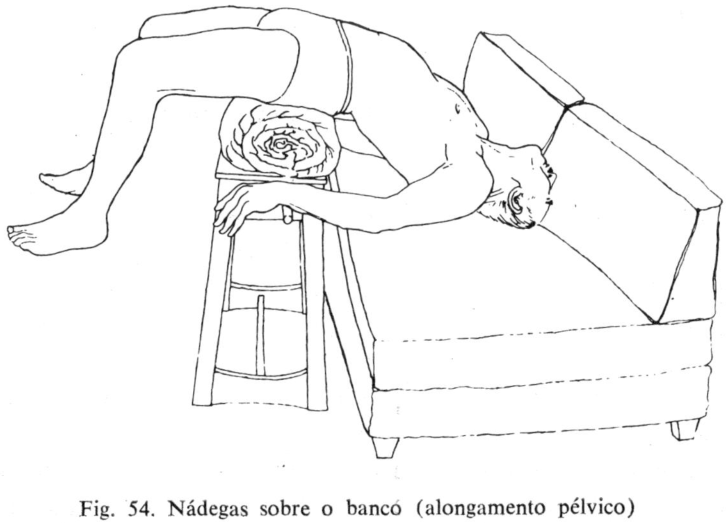

Fig. 54. Nádegas sobre o banco (alongamento pélvico)

Terminando o chute com uma perna, traga o outro joelho para cima, para o próximo chute.

Agora esperneie alternadamente com cada perna, usando certa força.

Você sentiu o alongamento dos músculos contraídos enquanto esperneava? Sentiu o alongamento da articulação dos quadris?

É conveniente que em seguida a este exercício você se dobre à frente para o pé contatar o chão e as pernas vibrarem.

Exercício 88 / Pressão ("pressure") no peito

Neste exercício, a pressão (*pressure*) é colocada no peito, mobilizando desta forma esta área e facilitando a respiração.

Coloque o banco num lugar aberto e deite-se sobre ele com o peito em cima do rolo de cobertor.

Deixe a cabeça cair à frente e os braços pendentes.

Você percebe o quanto seu peito está contraído? Está com alguma dificuldade para respirar? Você sentiu seu peito relaxar sob esta pressão (*pressure*)?

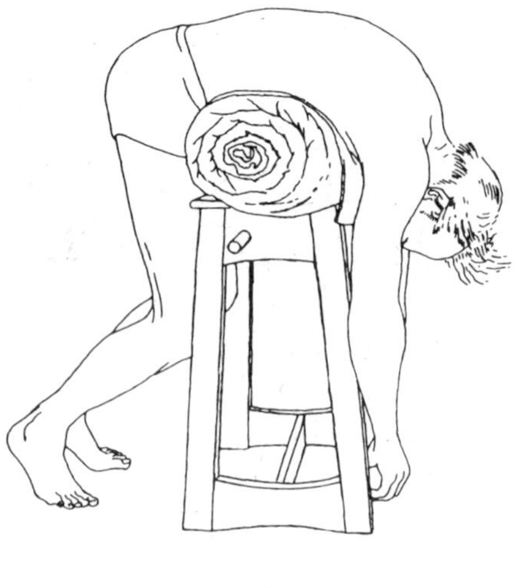

Fig. 55. Peito sobre o banco

O grande valor dos exercícios no banco é que eles facilitam a respiração sem esforço. A única exceção é o exercício 87, espernear usando o banco. A pessoa deve relaxar ou render-se ao alongamento e à pressão (*stress*), e não lutar contra eles. À medida que se aprende a fazer isto, a respiração se torna mais profunda como uma resposta natural à pressão (*stress*). Para este fim, há necessidade de uma prática considerável, pois para alguns a pressão (*stress*) é bastante forte. Não considere estes exercícios como um desafio à sua vontade ou resistência. Não persista neles quando se tornam dolorosos. A dor fará com que você se tensione. Você tem sempre a oportunidade de tentar novamente. Eventualmente você se sentirá mais confortável no trabalho com o banco, mas ele nunca é fácil.

Se conseguir relaxar sobre o banco, isto se tornará uma experiência de meditação corporal. Você sentirá sua respiração como uma função espontânea do corpo, e poderá se tornar consciente de outros movimentos involuntários. Quando isto ocorrer, o banco estará funcionando para você.

11

Exercícios sexuais

Estes exercícios destinam-se a intensificar as sensações na área pélvica e a soltar a pelve para um maior prazer sexual. Não envolvem os órgãos genitais nem induzem a alguma excitação genital. A quantidade de prazer sexual, isto é, prazer orgástico, que você experimenta depende de quanta excitação sexual você se permite acumular na pelve antes da descarga. De certo modo, então, a pelve funciona como um condensador. Sua capacidade é determinada por sua área interna e mobilidade. Tensões musculares dentro da pelve limitam sua capacidade, enquanto tensões nos músculos externos reduzem a habilidade para descarregar a excitação.

A pelve deve ser deixada solta, de modo que possa oscilar livremente à medida que a corrente de excitação passar pelo corpo. A respiração abdominal profunda é o fator crítico na ampliação do reservatório pélvico. A respiração profunda é, portanto, o objetivo primário de todos os exercícios, especialmente dos sexuais. Mais ainda, através destes exercícios sexuais procuramos aliviar as tensões que inibem a mobilidade pélvica e integrar os movimentos pélvicos às ondas respiratórias.

Melhores resultados serão obtidos destes exercícios se forem feitos em conjunção aos outros deste livro. O corpo é uma unidade: tensões em qualquer parte interferem nos movimentos naturais de todas as outras partes, restringindo-os. Isto é particularmente verdadeiro com relação à tensão no pescoço. Se a cabeça estiver sendo rigidamente mantida por tensão dos músculos do pescoço, devido ao medo de "perder a cabeça", a pelve não se moverá livremente. Nestes exercícios, mantenha a cabeça para trás e deixe-se ir; ela não vai cair. Se você se sentir tonto ou ansioso, pare o exercício, coloque-se na posição de descanso e permita que sua respiração se normalize. Então volte a tentar o exercício, mas não force o medo ou a dor, além do que for tolerável.

Exercício 89 / Balanço ou báscula da pelve

Este exercício envolve o uso do banco de bioenergética. Foi introduzido aqui porque focaliza principalmente o movimento da pelve.

Deite-se no banco, com o rolo de cobertor em contato com a parte superior de suas costas.

Estique as duas mãos para trás até alcançar o espaldar de uma cadeira colocada atrás do banco. Deve ser uma cadeira bem pesada.

Mantenha seus pés totalmente apoiados no chão enquanto faz esse exercício. Muitas pessoas levantam os pés do chão e assim perdem o contato com o mesmo.

Ao mesmo tempo, tente continuar se segurando na cadeira. Assim estará ancorado em ambos os extremos.

Faça a báscula da pelve para cima e para baixo, ritmicamente. Movimentar-se ritmicamente é importante neste exercício. Comece devagar, e então vá se movimentando mais rápido à medida que seu corpo for se soltando.

Tente manter a respiração coordenada aos movimentos pélvicos.

Você conseguiu manter a pelve oscilando nesta posição?

Sentiu alguma dor ou imobilidade na parte inferior das costas? Esta dor ou imobilidade inibem o balanço natural.

Conseguiu manter um ritmo? Sua respiração estava coordenada com os movimentos pélvicos?

Você permitiu que as nádegas ficassem descontraídas enquanto a pelve subia?

Você manteve os calcanhares no chão?

O elemento importante neste exercício é manter-se ancorado pela preensão da cadeira e com os pés no chão. Se os dois extremos do arco do seu corpo estão ancorados em segurança, o movimento estará correto. Não é fácil fazer corretamente este exercício. O movimento oscilatório pélvico natural está inibido na maioria das pessoas, e sua tendência é segurar a pelve para cima, em vez de deixá-la balançar. Outra tendência é de retesar as nádegas, o que bloqueia todas as sensações sexuais. Quando você trabalhar com este exercício, tente deixar as nádegas descontraídas.

Depois deste exercício, dobre-se para a frente, na posição de *grounding,* deixando as vibrações se desenvolverem nas pernas.

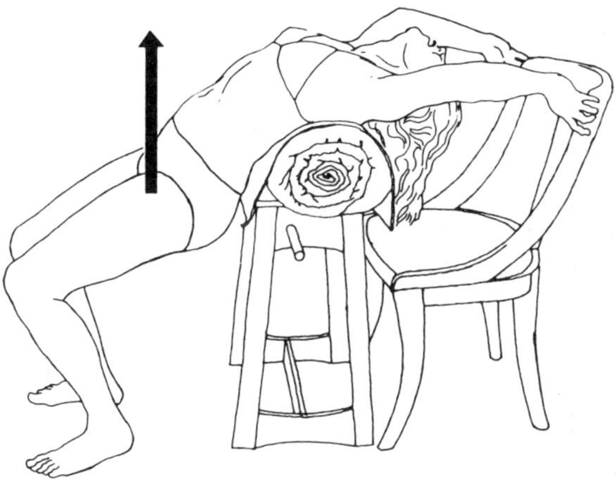

Fig. 56. Báscula da pelve

Exercício 90 / Alongamento e relaxamento dos músculos internos da coxa

Estes músculos (adutores) atuam para unir as coxas. Antes eram chamados músculos da moralidade, porque muitas moças eram ensinadas a sentar-se com as pernas apertadas uma contra a outra. Em muitas pessoas, estão bastante contraídos (homens e mulheres). Alongá-los ajuda no relaxamento do soalho pélvico.

Deite-se de costas no chão com um cobertor enrolado sob a linha da cintura. Suas nádegas devem encostar no chão. Se isto parece muito difícil reduza o tamanho do rolo.

Dobre os joelhos e junte as plantas dos pés.

Deixe os braços ficarem ao longo do corpo, ou apóie-os de leve sobre a parte interna das coxas (os músculos adutores). Deixe a cabeça cair para trás tanto quanto for possível.

Faça pressão para baixo com as nádegas de encontro ao chão, e separe bem os joelhos, mantendo as plantas dos pés juntas.

Mantenha esta posição por vários minutos enquanto respira profundamente até dentro do abdômen. Sua barriga deve estar solta.

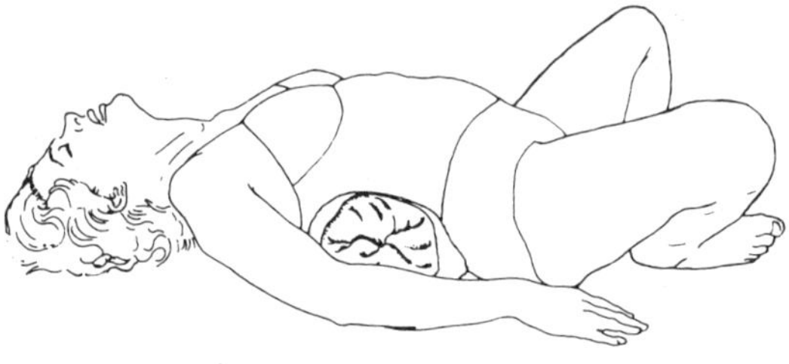

Fig. 57. Alongamento dos adutores

Se a parte inferior das costas estiver doendo, retire o cobertor enrolado. Neste caso, você pode fazer o mesmo exercício sem o rolo, apesar de ser menos proveitoso.

Você sentiu algum repuxamento ou alongamento nos músculos adutores? Você os sentiu tremerem ou começarem a vibrar?

Você conseguiu afastar bem os joelhos enquanto mantinha as nádegas pressionadas contra o chão?

Conseguiu respirar dentro da barriga?

Conseguiu deixar as nádegas soltas e o ânus aberto durante o exercício?

Quando você terminar o exercício, remova o rolo de cobertor e dobre os joelhos na vertical com os pés totalmente apoiados no chão. Assim você estará, pronto para o próximo exercício.

Exercício 91 / Vibração dos músculos internos da coxa

A partir da posição anterior, coloque os pés planos no chão, separados 30 a 40 cm. Afaste os joelhos lentamente sem deslocar os pés. Tente manter os pés totalmente apoiados enquanto faz isso. O movimento deve ser bem vagaroso e sem esforço. Separe seus joelhos o máximo possível, mantendo os pés inteiramente no chão.

Devagar e sem esforço vá juntando os joelhos até se tocarem. É importante que o movimento seja lento e não forçado, para induzir a ocorrência das vibrações.

Agora separe os joelhos novamente, com a mesma suavidade e depois junte-os outra vez.

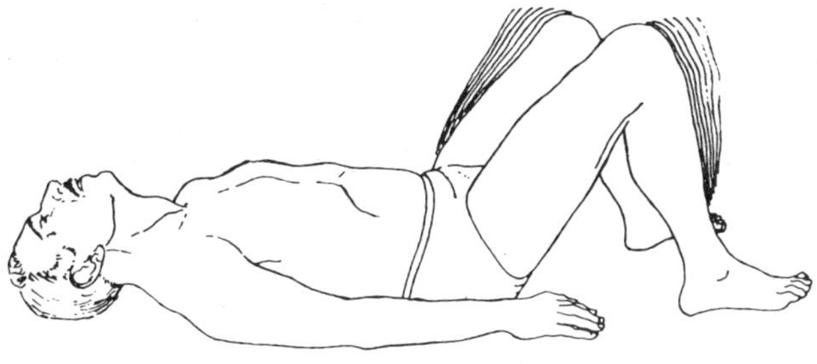

Fig. 58. Vibração dos adutores

Quando você sentir as vibrações começarem, continue com os movimentos de modo que as vibrações continuem e fiquem mais fortes. Você perceberá que essas vibrações são muito prazerosas. Lembre-se de respirar.

Suas pernas conseguiram vibrar nesta posição?

Você notou se sua respiração tornou-se espontaneamente mais profunda quando as vibrações aumentaram?

Você conseguiu ter sensações agradáveis nas coxas e no soalho pélvico?

Exercício 92 / O círculo ou arco completo

Este exercício promove um forte alongamento dos músculos anteriores da coxa; pode provocar dor se estes músculos estiverem muito contraídos. Esta tensão muscular impede a pelve de balançar livremente. No exercício, a pelve fica suspensa entre os pés e os ombros, o que permite que ela vibre livremente, se você puder relaxar nesta posição.

Deite-se de costas sobre um colchão ou cama, dobre os joelhos e coloque os pés separados cerca de 25 cm, totalmente apoiados na superfície.

Segure com as mãos os tornozelos, e arqueie seu corpo para cima puxando-se para a frente com as mãos, e deixando a cabeça cair para trás. Somente a cabeça, ombros e pés devem tocar o colchão ou cama.

Empurre os joelhos para frente tanto quanto eles possam ir.

Deixe a pelve ficar suspensa livremente. Não contraia as nádegas. Tente deixar o ânus aberto tanto neste quanto nos demais exercícios.

Se o arco causa dor, não insista na posição; deixe as costas voltarem ao colchão novamente. Depois tente o arco mais uma vez.

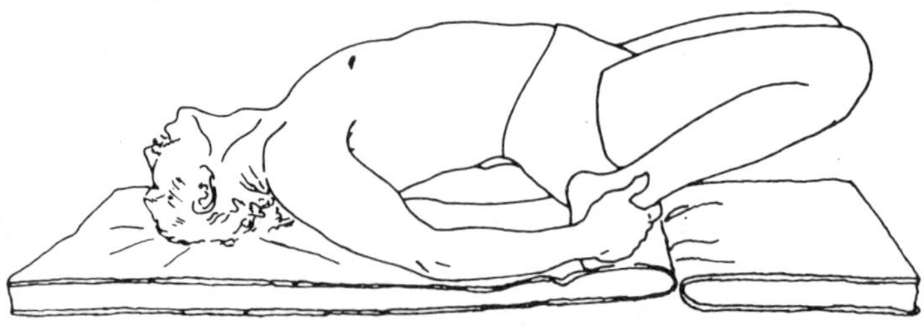

Fig. 59. Arco — círculo completo

Você foi capaz de manter o arco e respirar dentro da barriga ao mesmo tempo?

Sua pelve desenvolveu alguma vibração nesta posição? Você conseguiu manter as nádegas soltas?

Exercício 92-A / Variação

Se você teve alguma dificuldade nesta posição — e muitas pessoas têm — tente rolar para trás e para frente sobre os pés, enquanto se mantém nela. Quando você rolar para a frente, tente tocar o colchão com os joelhos. Quando rolar para trás, o tensionamento é aliviado. Assim, lentamente você vai alongando os músculos anteriores da coxa.

Exercício 92-B / Variação

Retorne à posição em arco, mas coloque os punhos sob os calcanhares.

Pressione para baixo com os calcanhares, mas não deixe que seu corpo role para trás. Mantenha seus joelhos apontando para frente e para baixo.

Faça a báscula da pelve com vários movimentos rápidos para induzir as vibrações, se não ocorrerem espontaneamente. Deixe as nádegas soltas; não as contraia nem retese. Veja a fig. 60, pág. 166.

Ocorreram vibrações pélvicas?

Você conseguiu respirar dentro da barriga?

Você conseguiu manter as nádegas soltas?

Nestes exercícios, o peito dos pés atua como fulcro para a ação de alavanca que levanta a pelve. A pressão (*pressure*) é exercida através dos calcanhares quando você os pressiona para baixo. Se os joelhos forem mantidos para a frente e para baixo, a força resultante vai fazer a pelve girar para cima sem nenhuma contração das nádegas nem do abdômen.

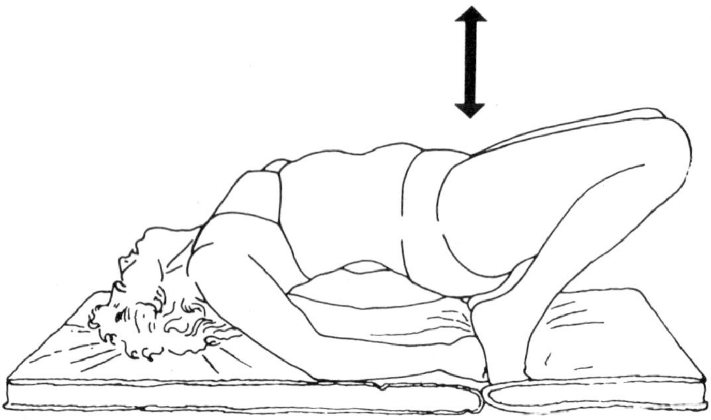

Fig. 60. Arco com os punhos sob os calcanhares

Exercício 93 / Socar as nádegas

Esta posição consiste em trazer as nádegas para trás de modo a carregá-las e mobilizá-las para o movimento à frente. Este movimento à frente deve partir dos pés e não das nádegas. Se você o faz a partir das nádegas estará contraindo-as e eliminando muito da sensação sexual.

Deite de barriga para baixo sobre um colchão, uma cama, ou no chão.

Coloque as mãos espalmadas no chão, sob a cabeça, deslizando os cotovelos dobrados para os lados, de modo que o peito esteja contra o colchão. Vire a cabeça de lado.

Dobre os dedos dos pés contra o colchão de modo que possa usá-los para pressionar contra a superfície. Dobre levemente os joelhos e mantenha-os em contato com o chão.

Mantendo a barriga contra o colchão, puxe as nádegas para trás tanto quanto possível.

Fique nesta posição e pressione fortemente com os dedos dos pés, respirando profundamente mas com tranqüilidade.

Báscula da pelve com movimentos rápidos contra o colchão, enquanto pressiona com os dedos e joelhos para baixo.

Você conseguiu sentir sua barriga pressionando contra o colchão? Você foi capaz de respirar até dentro dela?

Sua pelve desenvolveu alguma vibração fazendo esse exercício?

Para mobilizar a carga sexual total, é importante que as pessoas estejam *grounded.* Isto só pode ser obtido se os pés estão pressionando contra algum suporte, durante o ato sexual. Nós recomendamos à pessoa na posição superior no ato sexual que pressione os pés contra a borda da cama para obter o *grounding* necessário para o impulso dos movimentos. Na falta da borda da cama, você tem de afundar os dedos no colchão, como no exercício anterior.

As pessoas que experimentaram este exercício constataram que promove um aumento significante de sensações sexuais. Este exercício é um dos caminhos para experimentar o aumento de carga para o impulso dos movimentos.

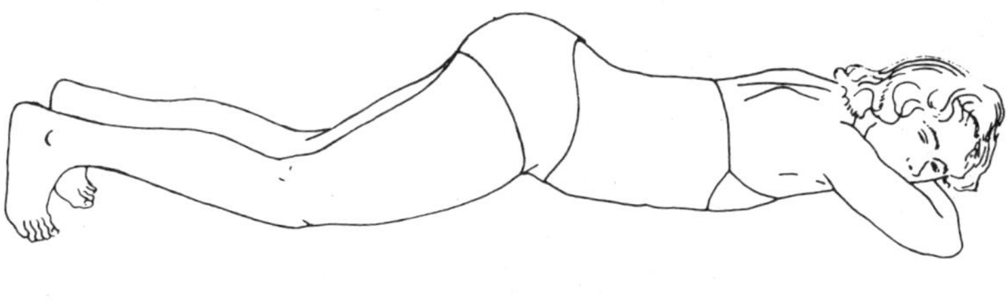

Fig. 61. Socar a pelve

Exercício 94 / Vibração pélvica

Faça este exercício em frente do banco de bioenergética, de uma cadeira ou mesa. A razão disto é que o coloca numa posição na qual fortes vibrações serão induzidas nas pernas, podendo-se estender à pelve.

Fique de pé dando as costas para o banco; pés apontados retos para a frente e separados cerca de 15 cm.

Coloque um cobertor dobrado no chão em frente dos seus joelhos no caso de se deixar cair.

Coloque as duas mãos para trás, tocando o banco de leve para manter o equilíbrio. Você não deve pôr peso nas mãos.

Dobre os dois joelhos e incline-se um pouco à frente de modo que os calcanhares deixem de tocar o chão. O peso do corpo deve ficar sobre o peito dos pés.

Equilibre-se nesta posição, tocando com as mãos o banco e arqueie o corpo para trás; também coloque a pelve para trás, mas sem quebrar o arco.

Fique nesta posição respirando profundamente até que suas pernas comecem a vibrar.

Quando suas pernas estiverem vibrando, movimente a pelve com delicadeza para frente e para trás. O movimento deve partir das pernas e pés. As vibrações devem começar na pelve e você deverá experimentar um balanço pélvico espontâneo.

Se nesta posição as coxas começarem a doer, deixe-se cair de joelhos. Levante-se depois, ande pela sala, e repita a manobra.

A pelve se movimentou espontaneamente? Você ficou amedrontado pelo movimento?

Os seus joelhos tremeram de um lado para outro em vez de vibrarem para baixo e para cima? Este tremor lateral nas pernas é uma expressão de medo.

Você sente a pelve mais cheia de vida agora?

Estes exercícios podem ajudá-lo a aumentar a carga sexual na pelve. Essa carga é indicada pelo desenvolvimento de movimentos pélvicos espontâneos. Entretanto, se você não puder conter a carga, a pelve vai responder bem rapidamente. Prender a pelve para trás em qualquer destes exercícios permite que a carga aumente com maior intensidade antes de os movimentos involuntários de descarga acontecerem.

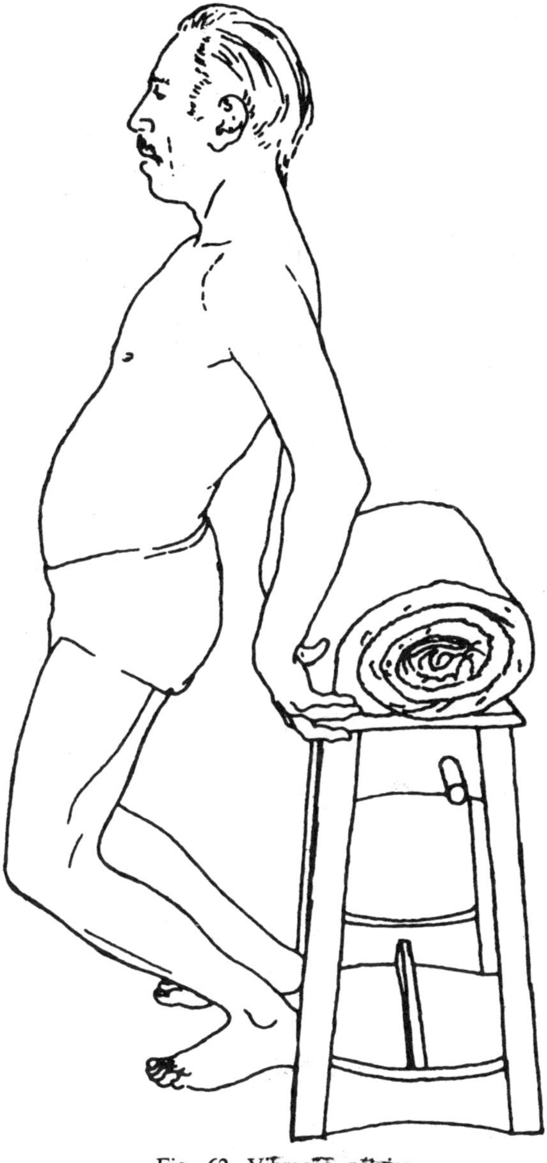

Fig. 62. Vibração pélvica

12

Técnicas de massagem

A massagem é uma parte importante da bioenergética. É a contrapartida aos exercícios ativos, nos quais se requer um esforço para produzir resultados. Na massagem, você não faz nada mais do que relaxar e gozar o toque e a pressão (*pressure*) das mãos do massagista ao irem acariciando e massageando sua pele e músculos. Às vezes, entretanto, quando uma área de tensão muscular é envolvida, a massagem pode provocar dor. Conforme fui sendo massageado regularmente ao longo dos anos, senti dor em diferentes partes do corpo. Sabendo que essa dor era devida à tensão, eu tentava ir junto com ela, isto é, ficava relaxado e deixava que doesse. O massagista podia também sentir a tensão na forma de músculos contraídos em determinadas áreas. Geralmente, depois de várias massagens, a dor desaparecia e a área tornava-se macia ao toque. Felizmente a massagem era sempre mais agradável do que dolorosa, e eu me sentia tão bem depois, que desejava a próxima. Freqüentemente, no fim de uma boa massagem, eu dormia na mesa.

A massagem serve para vários propósitos. Sempre precisamos de algo de bom, feito para nós e por nós. Parcialmente, ela preenche essa necessidade oral profunda, que, aliás, é um dos seus atrativos. Temos também uma necessidade adulta de sermos tocados de uma forma prazerosa mas sem nenhuma intenção sexual, e a massagem também satisfaz esta necessidade. Igualmente importante é o trabalho com os músculos tensos. As mãos de um massagista podem atingir tensões inacessíveis às nossas próprias e que os exercícios não afetam diretamente. As espasticidades musculares da base do crânio e do soalho da boca cabem nesta descrição. Comumente, estes músculos relaxam sob uma pressão direta e firme.

Muito do valor da massagem depende da sensibilidade, da destreza e das mãos da pessoa que faz a massagem. É necessário que ela saiba o quanto de pressão aplicar. Muita, causará tensão excessiva; pouca, terá pouco efeito. Na medida em que a massagem é uma função do toque, a pessoa deve estar em contato com os sentimentos da pessoa massageada. Ela está com medo? As pessoas têm medo de serem tocadas e, também, de serem machucadas. Ela respira ou contém a respiração? O mero fato de segurar a respiração fará com que o procedimento todo seja mais doloroso do que agradável. A habilidade do massagista consiste em sentir os músculos contraídos do corpo de uma pessoa, em saber que tipo de manipulação e de pressão (*pressure*) deverá usar para descontraí-los. É necessário também que tenha experiência em massagear. Finalmente, a qualidade do toque e da mão da pessoa que massageia é fundamental. Mãos frias, sem vida fazem o outro se encolher em vez de relaxar e expandir ao toque. Dedos fracos e débeis não oferecem estimulação.

Tocar é um processo energético de contato. Através do toque, a energia flui de uma pessoa para outra. É por isso que o toque de algumas mãos tem um efeito de cura. Quando você fizer uma massagem, deve manter-se relaxado e carregado. Os seus próprios movimentos devem ser naturais e não mecânicos. Você não está trabalhando com paus ou pedras. Mantenha a respiração profunda e plena, de modo a ter energia para colocar em suas mãos. E você não deve executar nenhuma massagem se não tiver prazer em fazê-la, pois o seu toque não será uma experiência positiva para a outra pessoa.

Este não é um livro de massagem, que em si mesma é uma arte. E apesar de a massagem não proporcionar o que os exercícios proporcionam, usamos algumas técnicas de massagem regularmente em nossas aulas de exercícios, pelas razões enunciadas acima. A massagem é feita pelos participantes, uns nos outros. Ela ajuda, direta e literalmente, as pessoas a entrarem em contato umas com as outras e promove a sensação de contato e proximidade no grupo. Neste capítulo, descrevemos estas técnicas, que podem ser feitas por pessoas sem nenhum treino anterior ou experiência em massagem. Além disso, uma certa espécie de massagem pode ser feita em casa. O marido pode ajudar a esposa a relaxar, trabalhando em algumas áreas contraídas. A esposa pode fazer o mesmo ao marido. Uma pessoa que pode aliviar uma dor de cabeça (a tensional, não a de enxaqueca) se souber algumas manobras simples. Mostraremos como isso pode ser feito.

Descreveremos também uma massagem muito interessante, o caminhar sobre as costas, que deve ser feita pelo par com algumas precauções, e que é bastante relaxante.

Exercício 95 / Massagem das costas e ombros

A pessoa que vai ser trabalhada senta-se no chão com as pernas cruzadas. É melhor que os ombros estejam despidos. A pessoa que vai massagear, ajoelha-se atrás de seu parceiro, tomando a posição mais confortável possível. Ambos devem estar relaxados e respirando naturalmente. As instruções a seguir são dirigidas à pessoa que faz a massagem.

Coloque as duas mãos de leve sobre os ombros de seu parceiro e mova os dedos sobre os ombros, descendo pelas costas, pressionando delicadamente, para sentir qualquer músculo tenso. Estes serão sentidos como nós duros sob seus dedos. Tocando de forma macia com os dedos, use os polegares para desfazer esses nós. Se, para seu companheiro, for muito doloroso, faça isso mais delicadamente. Trabalhe toda a parte superior das costas.

Coloque suas mãos sobre os ombros e pressione para baixo de modo forte e firme até que a pessoa deixe os ombros penderem. Não force; a pressão contínua e o peso de seu corpo serão suficientes. Assegure-se de que seu parceiro esteja respirando profundamente.

Usando os lados das mãos, tamborile moderadamente sobre as costas da pessoa, em volta das áreas tensas. Isto promoverá a soltura de algumas tensões.

Se o seu parceiro quer um tratamento mais forte, use os nós dos dedos para dissolver a massa muscular dura na área das espáduas. Lembre-se de que você está fazendo isto para ajudar seu parceiro a sentir-se bem e não para machucá-lo.

Agora, com as pontas dos dedos, massageie novamente a área toda, repassando as articulações dos ombros até a parte superior do braço e para baixo nas costas. As áreas críticas são as espáduas e em torno das mesmas.

Você conseguiu sentir algum músculo contraído ou espástico? Poucas pessoas não os têm.

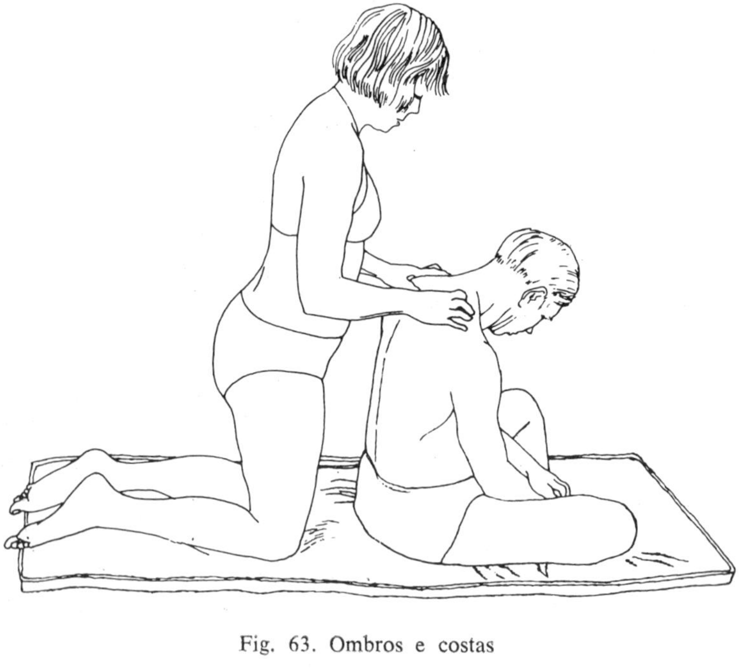

Fig. 63. Ombros e costas

Os ombros de seu companheiro penderam e relaxaram com sua massagem?

A respiração dele ficou mais profunda? Ele aproveitou sua massagem?

Exercício 96 / Massagem para os músculos do pescoço

O pescoço é uma área onde tensões se desenvolvem desde cedo na vida de uma pessoa e lá persistem. Músculos de pescoço contraídos podem ter várias causas possíveis. Um pescoço tenso denota falso orgulho e obstinação. Um pescoço curto, geralmente devido à contração dos músculos que passam ao lado do pescoço, pode ser interpretado como devido ao medo de que lhe "cortem o pescoço".

Um pescoço fino indica falta de comunicação total entre a cabeça e o resto do corpo, um estreitamento do canal, por assim dizer. Em todos os casos, a tensão no pescoço expressa a necessidade de firmar-se pela cabeça, medo de perder a cabeça. Quando tais tensões são muito severas e prolongadas, podem levar a uma condição de artritismo nas vértebras cervicais.

A massagem dos músculos do pescoço não removerá a tensão mas pode ajudar consideravelmente. Freqüentemente, procedimentos fortes são necessários para que a pessoa possa soltar a cabeça.

Com seu parceiro sentado de pernas cruzadas, ajoelhe-se ao seu lado esquerdo. Coloque sua mão esquerda na testa dele, para que tenha um apoio mais firme e manipule o pescoço com sua mão direita. Para fazer esta massagem, siga todas as precauções descritas acima. Com os dedos da mão direita, apalpe (sinta) os músculos da base do crânio até a raiz do pescoço. Sinta a qualidade dos músculos; alguns podem estar duros como anéis de aço, outros tensos e esticados como arame, outros ainda duros e enodoados.

Usando os dedos, desfaça a contração dos músculos, enquanto apóia a cabeça com sua mão esquerda.

É importante dizer a seu parceiro para continuar respirando e emitindo algum som, de modo que você possa parar se perceber que está doendo.

Você consegue sentir as tensões na base do crânio? E ao longo das costas e lados do pescoço? E na raiz do pescoço?

Seu parceiro sentiu a cabeça mais solta em resultado de seu trabalho?

Você estava respirando naturalmente enquanto trabalhava?

Nota: Os canhotos devem trabalhar do lado oposto, pois suas mãos esquerdas são mais fortes para o trabalho de massagem.

Exercício 97 / Alívio para cefaléias tensionais

A posição é a mesma do exercício anterior. Comece a massagem na base do crânio e trabalhe para cima até o topo da cabeça.

Coloque a mão esquerda na testa do parceiro e a direita na junção da cabeça com o pescoço.

Primeiro, sinta as tensões por toda esta área até atingir o osso mastóide, localizado atrás das orelhas. Para sentir a tensão, pressione com firmeza e deslize com as pontas dos dedos.

Com os três primeiros dedos, massageie os músculos fortemente. Deve haver uma dor discreta se você estiver trabalhando corretamente.

Usando todos os dedos, massageie devagar, indo para cima e movendo o couro cabeludo até que as duas mãos se encontrem.

Passe para o outro lado de seu parceiro. Coloque sua mão direita sobre a testa dele, os dedos cobrindo a coroa da cabeça. Coloque sua mão esquerda na parte de trás da cabeça dele. Você deverá abranger o escalpo todo com as suas mãos. Com os dedos, mova o couro cabeludo para trás e para frente, soltando-o. Se você conseguir relaxar o escalpo, a dor de cabeça geralmente desaparece, pois o mais provável é que seja causada por uma tensão que circunda a cabeça logo abaixo da coroa.

Apesar de esta técnica de massagem ter sido desenvolvida com a finalidade de remover dores de cabeça, tornou-se parte da rotina regular de massagem bioenergética. Depois dela, em geral, as pessoas sentem suas cabeças mais leves.

Se o alívio for apenas parcial, você pode tentar a manobra novamente. Entretanto, se não funcionar, não insista. Se a dor de cabeça for proveniente de enxaqueca, ou de tensão e enxaqueca, este procedimento não adiantará.

Exercício 98 / Massagem para a região lombar das costas

Esta massagem é feita com a pessoa deitada de barriga para baixo, num colchão, colchonete ou cama. Seu parceiro fica ajoelhado, com um dos joelhos entre as pernas da pessoa deitada. Veja a fig. 64 na página seguinte.

Coloque as duas mãos na cintura da pessoa, com os polegares apontados para a linha mediana das costas.

Sinta, com os polegares, os músculos da área lombossacral, isto é, entre as costelas e as nádegas.

Desmanche a contração muscular com os polegares pressionando firmemente e deslizando-os para cima e para baixo.

Certifique-se de que seu parceiro respira profundamente enquanto você o massageia.

Você pode também usar os punhos para esses músculos. Coloque-os na linha da cintura das costas de seu parceiro e pressione para baixo com força quando ele estiver expirando. Alivie a pressão quando ele estiver inspirando, e depois pressione quando ele expirar de novo. Isto é feito diversas vezes para soltar esses músculos muito fortes e geralmente muito contraídos.

Você também pode trabalhar as costas em sentido ascendente, usando os punhos, para fazer pressão sobre os músculos localizados ao longo da espinha, quando seu parceiro estiver expirando. A pressão (*pressure*) facilitará a expiração.

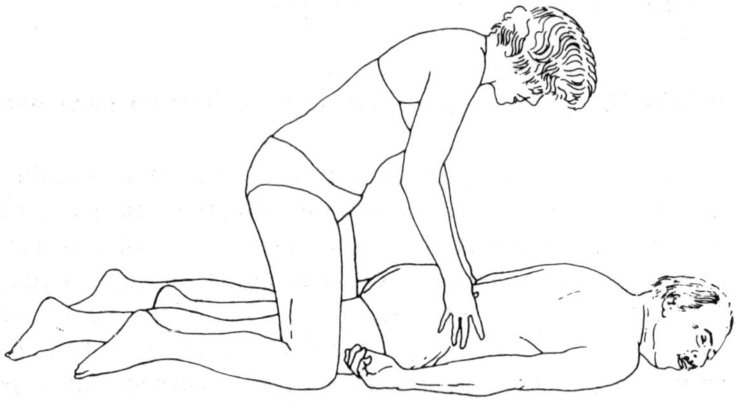

Fig. 64. Região lombar das costas

Este exercício não deve ser executado quando a pessoa estiver com dor aguda na coluna lombar. Mas, no caso da pessoa que sofre de dor crônica menos intensa nesta área, é um movimento útil de massagem.

Exercício 99 / Massagem para nádegas

É feita a partir da mesma posição que a do exercício anterior. Colocam-se as mãos sobre as nádegas, e os polegares são usados para pressionar e massagear todos os músculos desta área.

O melhor procedimento é trabalhar simultaneamente ambos os lados, começando da parte superior das nádegas e indo para a inferior. Depois, pressione com firmeza sobre a massa central dos músculos das nádegas.

Não cause uma dor indevida. Se se tornar muito doloroso em algum ponto, diminua a pressão.

Se você trabalhou com tranqüilidade e uniformemente, seu parceiro sentirá calor e leve formigamento nos pés. Isto aconteceu?

Você percebeu a tensão nos pés?

Exercício 100 / Massagem para pés: de barriga para baixo

Acho que a massagem nos pés é a parte mais agradável de qualquer massagem. Entretanto algumas pessoas têm uma super-sensibilidade nas solas dos pés e não toleram muita pressão (*pressure*) aí. Isto se deve a uma espasticidade dos músculos desta região. A massagem dos mesmos ajuda a relaxá-los e, com o tempo, perdem a hiper-sensibilidade. Quando isto ocorre, o prazer de uma massagem nos pés aumenta consideravelmente. Se os pés de seu parceiro são sensíveis à pressão (*pressure*) faça a massagem suavemente.

Com seu parceiro deitado de barriga, faça o seguinte:

Segure, dando apoio com sua mão esquerda, o dorso ou superfície superior do pé do parceiro; o punho de sua mão direita fica contra a sola. Esfregue o punho para cima e para baixo com suavidade. Faça o mesmo usando agora os nós de seus dedos, se seu parceiro quiser.

Segure com sua mão esquerda o pé de seu parceiro e massageie cada um dos artelhos com a mão direita.

Levante o pé do parceiro, fazendo-o dobrar o joelho. Segure o tornozelo e pressione com a palma da sua mão a parte gorda da sola do pé.

Segure com as duas mãos a parte gorda do pé, fazendo pressão para baixo e, com delicadeza, separe um artelho do outro.

Repita as mesmas manobras com o outro pé.

Quando terminar, coloque as mãos totalmente estendidas sobre as solas e mantenha o contato cerca de um minuto. Quando retirar suas mãos, seu parceiro deverá reter ainda a impressão de contato por algum tempo.

Isto aconteceu?

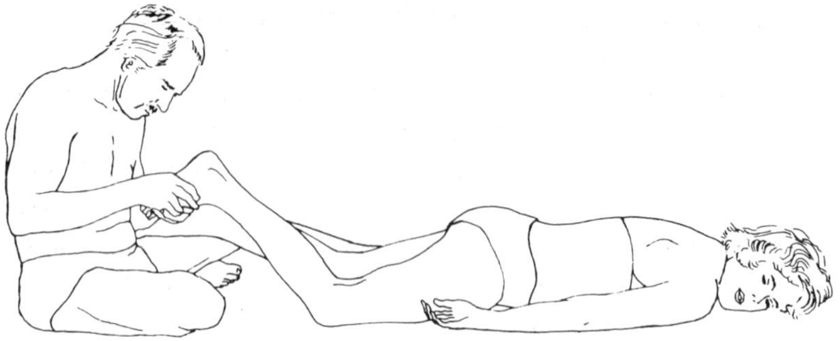

Fig. 65. Massagem nos pés

Exercício 101 / Massagem para pés: de costas

Mantenha seu parceiro deitado de costas sobre uma cama ou colchonete no chão. Sente-se a seus pés.

Tome o pé esquerdo do parceiro com as duas mãos e delicadamente massageie a sola do pé com seus polegares.

Coloque sua mão esquerda sob o tornozelo e a palma da mão direita na parte gorda da sola do pé. Pressione firmemente com a mão direita. Isto faz com que haja uma flexão e uma descontração do músculo, promovendo uma sensação boa de contato entre o pé e a mão.

Coloque o final da palma das duas mãos contra a sola do pé do seu parceiro e segure os artelhos com seus dedos. Faça pressão com essa parte da palma das mãos e separe os artelhos com os dedos. Esta manobra tem como finalidade o alargamento do pé. Segure o peito do pé com a mão esquerda e coloque um punho contra a sola.

Esfregue seu punho ao longo da sola, usando a parte plana do punho. Depois, se seu parceiro agüentar, use os nós dos dedos e esfregue-os ao longo da sola.

Segure os artelhos com as duas mãos e dobre-os para baixo, mas sem usar muita força.

Passe seu dedo indicador pelo espaço entre os artelhos, massageando-o com suavidade.

Repita estes procedimentos com o outro pé.

Exercício 102 / Andar sobre as costas

Esta é uma forma de massagem feita com os pés sobre as costas da pessoa que está deitada numa cama ou colchonete, no chão. Nos dois casos, a cama ou colchonete deve estar ao lado de uma parede, de modo que a pessoa que for andar sobre as costas possa se equilibrar, tocando a parede com as mãos. Pode-se usar também uma cadeira, substituindo a parede, para manter o equilíbrio. Esta manobra da massagem é peculiar à técnica bioenergética e muito apreciada pela maioria das pessoas. É usada nas sessões de terapia, no sentido de ajudar as pessoas a respirarem mais profundamente, através do relaxamento dos músculos das costas. Entretanto pessoas com problemas na região lombar das costas não devem participar desta massagem. Tampouco, a pessoa que faz a massagem não deve ser excessivamente pesada para a que está sendo massageada.

A pessoa que recebe a massagem deita-se de barriga para baixo num colchão de 15 cm de altura, de espuma de borracha, ou numa cama, com as pernas soltas e estendidas. A pessoa que faz a massagem deve estar descalça. Veja a fig. 66, na página seguinte.

Coloque um pé perpendicularmente à linha da cintura das costas de seu parceiro e o outro, também perpendicularmente, sobre as nádegas. Peça a seu parceiro para respirar de forma audível. Quando ele expirar, passe o peso de seu corpo para o pé que está sobre a cintura. Quando ele inspirar, passe o peso para o pé que está sobre as nádegas. Continue fazendo isto no ritmo da respiração de seu parceiro, cerca de um minuto.

Mantendo seu equilíbrio, coloque um pé ao nível das espáduas e o outro na linha da cintura. Novamente, desloque o peso de seu corpo de acordo com a respiração de seu parceiro, de modo que a pressão sobre a cintura seja exercida durante a fase de expiração. Continue a fazer isto cerca de um minuto.

Se seu parceiro puder agüentar seu peso, coloque os dois pés perpendiculares sobre as espáduas. Peça-lhe que relaxe, sem lutar contra seu peso, de modo que perceba que pode respirar bastante bem sob esta pressão (*pressure*).

Vá caminhando na direção das nádegas com passos muito curtos, um pé após o outro, enquanto seu companheiro relaxa e se entrega à pressão do seu peso. O "passeio" termina com os dois pés sobre as nádegas.

Gire os pés de modo a ficarem para a frente, paralelos ao sacro. Equilibrando-se, balance ritmicamente para

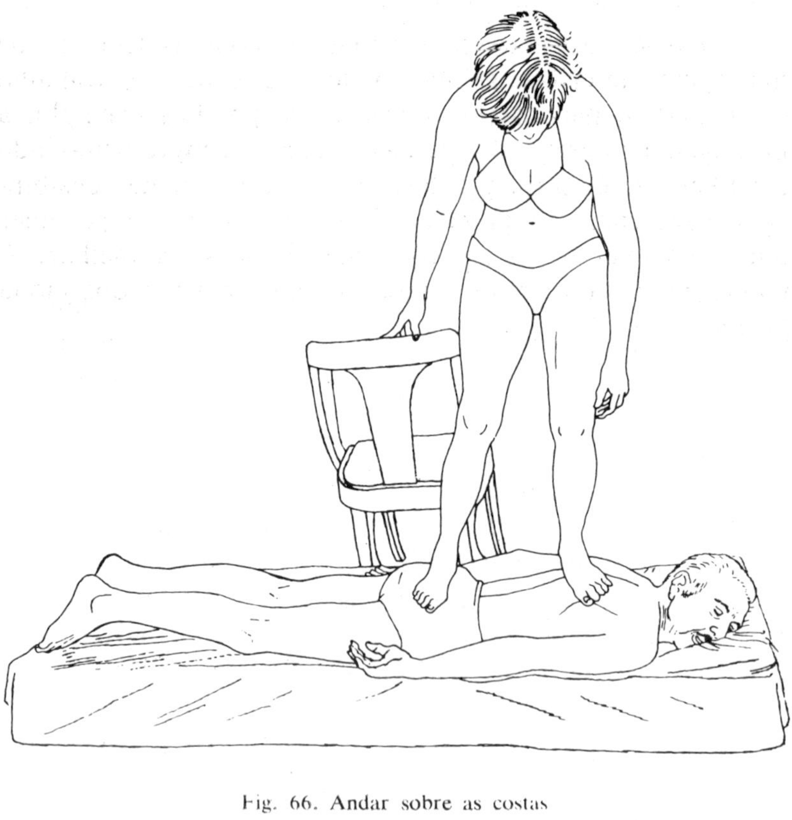

Fig. 66. Andar sobre as costas

cima e para baixo. Isto ajuda a soltar a pelve e permite que a respiração se aprofunde.

Você pôde perceber a respiração de seu parceiro enquanto andava sobre suas costas? Não haverá nenhum esforço indevido se a pessoa puder respirar junto com seus movimentos.

Seu parceiro sentiu-se mais relaxado depois deste procedimento?

Deu para você sentir a tensão das costas do seu parceiro através de seus pés?

Com um pouco de prática, você poderá fazer muito bem este tipo de massagem para as costas e irá perceber que será muitas vezes requisitada.

Depois que você se familiarizar com as técnicas de massagem descritas acima, poderá estender o trabalho de massagem para outras áreas do corpo. Por exemplo, a massagem na barriga das pernas e coxas é sempre bem-vinda e apreciada. O princípio básico a seguir é o da sensibilidade para com seu parceiro. Sentir seu corpo e perceber quais movimentos fazem com que ele se sinta melhor. A massagem é tanto mais valiosa quanto mais proporciona prazer.

PARTE III

ORGANIZAÇÃO DE UM ESQUEMA REGULAR DE EXERCÍCIOS

13

Exercícios em casa

No capítulo 7, oferecemos alguns conselhos para fazer exercícios sozinho e em casa. Aqui gostaríamos de oferecer algumas sugestões sobre os que são mais simples de executar e que, em geral, proporcionam sensações mais agradáveis.

Na hipótese de você só ter tempo para fazer um exercício por dia, recomendamos que faça o exercício 1. É aquele no qual você se dobra à frente e toca o chão com as pontas dos dedos. Os joelhos estão levemente dobrados e o peso sobre o peito dos pés. Ele induz vibrações nas pernas. Se elas vibrarem, você respirará mais fácil e profundamente. Mas, se não ocorrerem vibrações, este exercício o ajudará a entrar em contato com suas pernas e pés e a se sentir mais *grounded*. É excelente fazê-lo para começar o dia, mas pode ser feito a qualquer hora e lugar, se você sentir a necessidade de aliviar alguma tensão. No máximo, ele requer apenas um ou dois minutos.

Se você quer fazer dois exercícios, faça o arco que corresponde ao exercício 4 da série. Comece com o arco e permaneça, cerca de um minuto, com respiração abdominal. Prossiga então com o de dobrar para a frente (exercício 1) para as pernas vibrarem. É muito mais fácil conseguir a vibração das pernas partindo da posição do arco.

Jovens em geral não sentem dificuldade em conseguir vibração nas pernas, mas os mais velhos sim, pelo enrijecimento devido à idade. O enrijecimento também é maior ao levantar-se pela manhã do que no decorrer do dia, quando a pessoa já se movimentou. Se isto ocorre com você, sugerimos que faça o exercício 19 do grupo dos exercícios-padrão, depois dos dois exercícios descritos acima. Nele, você transfere o seu peso para uma perna, dobrando completamente o joelho. Permita que o peso caia sobre tal pé até que a posição se torne desconfortável; transfira então para o outro pé. Faça isso duas vezes com cada perna e perceberá que suas pernas estão mais vivas e que seu centro de gravidade abaixou. Você se sentirá mais próximo do chão.

Não faça este exercícios simples de modo mecânico. Leia as instruções e preste atenção às perguntas e comentários depois de cada exercício. Você está fazendo esses exercícios para entrar em contato com seu corpo, e isso requer que você dirija sua consciência para o que está acontecendo nele. Você também quer deixar sua respiração solta; então é importante que esta função seja objeto de sua atenção.

Se você fizer mais que estes três exercícios regularmente, principalmente pela manhã, começará o dia com uma sensação de maior bem-estar pessoal e com mais energia. Daqui para a frente, a escolha é aberta e vai variar de acordo com o que você sente, necessita, e de acordo com aquilo para que você tem tempo. Você pode querer, por exemplo, soltar a parte superior de seu corpo, como parte de sua rotina da manhã. Escolha um dos exercícios dados para esta parte do corpo e inclua-o no seu repertório. Você não precisa fazer sempre o mesmo exercício. Depois de familiarizar-se com estes, faça aqueles que o ajudam nas suas tensões específicas.

A maioria das pessoas têm muita tensão nas costas. Você pode estar atento à rigidez ou tensão nesta região ou se comporta como alguém que carrega um peso. O banco de bioenergética é um bom recurso para este tipo de problema. Recomendamos o uso do banco para todos aqueles em terapia bioenergética. Tente o primeiro exercício dado na seção de trabalho com o banco. No começo, coloque o banco encostado na cama para maior segurança. Sinta qual é o seu jeito até atingir a segurança que vem com a prática. Lembre-se, depois de usar o banco, de dobrar-se para a frente na posição de vibração.

Por outro lado, você pode ser uma pessoa jovem, atlética e em boa forma física. O seu interesse por esses exercícios é o de proporcionar ainda mais vitalidade para seu corpo. Você pode tentar todos os exercícios com o banco, contanto que não tente provar que está acima da necessidade de fazê-los e que pode dominá-los facilmente. Ninguém em nossa cultura está livre de tensões, e desde que estes exercícios foram projetados para atingir uma tensão, algum efeito será exercido em você. Se você exagerar logo de início, poderá acabar ficando aflito e dolorido. Seja cuidadoso e vá com calma. Se entrar em contato com o que está acontecendo com seu corpo, não há perigo em nenhum destes exercícios. E, com a prática, pessoas mais velhas podem fazê-los tão bem quanto as mais jovens.

A maioria das pessoas têm necessidade de desenvolver sua auto-expressão. Dois dos exercícios expressivos do capítulo 9 podem ser feitos em casa com benefícios consideráveis. Um é o de espernear e o outro, de bater na cama. Certo está que estes exercícios ajudarão a desenvolver sua agressividade e auto-assertividade, mas estas qualidades precisam ser desenvolvidas em muitas pessoas. Recomendamos estes exercícios aos nossos pacientes para serem feitos em casa e nós também os fazemos. Devem ser incluídos nos seus exercícios de casa, se você tiver tempo. Leia as instruções e comentários cuidadosamente antes de executá-los.

Os exercícios sexuais não resolverão seus problemas sexuais. Eles irão, entretanto, fazer muito para aumentar as sensações sexuais e seu prazer. Você pode adicionar qualquer um deles ao seu repertório, mas faça-os depois dos exercícios preliminares que recomendamos aqui.

Você é quem decide. O tempo e a energia que investir no seu corpo são o melhor investimento que você pode fazer. Rendem saúde e prazer, que valem mais que dinheiro e poder. Você está realmente investindo em si, pois você é seu corpo, ou o seu corpo é você. Nós usamos o termo *exercício* para descrever como se trabalha com o próprio corpo, ajudando-o a se tornar ou ficar mais cheio de vida. Mas "exercício" é uma designação menor para estes procedimentos bioenergéticos. O que você realmente está fazendo é cuidando de seu corpo, e cuidar envolve estar interessado, sentir e perceber com afeto. Não exercite seu corpo como se ele fosse uma máquina ou um cavalo. *Seja* seu corpo nos seus movimentos, ações e expressões. É disto que trata este livro.

14

Uma aula de exercícios

Fazer exercícios em grupo dá sempre mais prazer e, desta forma, fica mais fácil fazê-los do que sozinho. Na medida em que são de grande utilidade, organizamos aulas e encorajamos nossos pacientes a freqüentá-las. As respostas têm sido tão positivas que gostaríamos de promovê-las onde quer que a terapia bioenergética esteja sendo aplicada.

Uma aula pode ter de quatro a vinte participantes e deve ter um líder. É importante que este seja realmente interessado por pessoas e que se sinta bem fazendo os exercícios. A atitude do líder é captada pelos participantes e deve também ser uma pessoa com um considerável conhecimento de bioenergética, com muita experiência nela. Seu papel é duplo: o de dirigir adequadamente o grupo e o de interpretar para cada participante o significado de suas experiências corporais. Outra função é a de graduar a possibilidade de cada um de tolerar as pressões (*stresses*) dos exercícios. Se a pressão (*stress*) for muito forte, deve alertar a pessoa para abrandar o exercício. Não se ganha nada forçando movimentos. O objetivo é sentir e não desempenhar.

Sendo este o objetivo, freqüentemente irrompem emoções de modo espontâneo, no decorrer da aula, para algumas pessoas. Pode acontecer de subitamente alguém começar a chorar e soluçar, ou de se sentir oprimido pelas novas sensações corporais. Neste caso, o líder deve se sintonizar com a pessoa e manter-se em contato com o que está acontecendo. Para tanto, deve dizer simplesmente "Tudo bem, entregue-se ao seu sentimento, expresse-o". Se a pessoa estiver transtornada ou perturbada, o líder pode aproximar-se e tranqüilizá-la, conversando com ela. Todavia, a não ser que seja um grupo de terapia, é desaconselhável tentar trabalhar os motivos para aquela explosão emocional, para que não se percam de vista os objetivos dos exercícios e para que os outros não se sintam postos de lado.

O líder participará pessoalmente dos exercícios e também os dirigirá. Ao desempenhar os exercícios, impõe um exemplo a ser seguido, ao mesmo tempo em que observa os elementos do grupo, de forma a ajudá-los a obter o máximo de benefício, pelas posições usadas. As pessoas não estão se vendo e freqüentemente imaginam que estão na posição correta, quando realmente não estão. Somente através do alinhamento correto do corpo é que poderão sentir o fluxo de excitação da cabeça aos pés.

O líder deve explicitar o propósito particular de cada exercício e o objetivo global do trabalho com o corpo. Os exercícios de bioenergética diferem dos outros, na medida em que são propostos para ajudar as pessoas a se deixarem levar pelo corpo, a se entregarem a ele, em vez de desenvolver força muscular. Principalmente os exercícios na posição de pressão (*stress*) possibilitam que você se liberte de contenções e enrijecimentos, do que resulta você se sentir um pouco cansado fisicamente e externamente abatido, mas internamente vibrante, excitado e alegre. Ao final de uma aula de exercícios normal, a respiração dos participantes deverá estar mais fácil e tranqüila, a cor da pele mais acentuada e os olhos mais brilhantes. O mesmo acontece com o líder. Cada um deve estar se sentindo mais em contato consigo próprio e mais *grounded*.

Antes de começar uma aula, cada participante deve passar por uma investigação de seu histórico médico. As pessoas que não são examinadas regularmente pelo médico devem procurar um. Não acreditamos que os exercícios deste manual, se executados adequadamente, levem a algum perigo, mas é desaconselhável negligenciar qualquer cuidado. Por esta razão, o líder deve ficar atento a qualquer labilidade emocional do participante. Algumas pessoas requerem aulas especiais onde os exercícios são destinados ao fortalecimento do ego.

Procure usar roupas adequadas para fazer os exercícios. O corpo tem de estar relativamente exposto. As mulheres devem usar maiôs ou malhas de *ballet*, com os braços e pernas despidos; os homens calções ou *shorts*.

Uma das vantagens de tais grupos é que os membros podem observar seus corpos e movimentos mutuamente. É mais fácil ver as tensões no corpo de outra pessoa que senti-las em si próprio. Assim, cada um pode chegar ao conhecimento das tensões comuns que afligem a todos nós. Também há a vantagem de o grupo funcionar como apoio para o trabalho de corpo, além do encorajamento quando se observa o aproveitamento de alguém.

As aulas podem ser dadas em estabelecimentos particulares ou instituições. É melhor que haja alguma homogeneidade entre os membros do grupo. A homogeneidade promove a identificação de uns com os outros e também o uso mais seletivo dos exercícios. Assim, se você está trabalhando com um grupo de pacientes de hospital, você pode selecioná-los de modo a evitar aqueles do tipo mais extenuante e emotivo, em favor daqueles que visam ajudar o indivíduo a atingir consciência e a entrar em contato com seu corpo. Exercícios com crianças ou jovens adolescentes em escola serão diferentes dos feitos com grupos particulares de adultos. Estes tipos de aulas de exercícios foram empregados (com sucesso considerável), apesar de os autores deste livro não terem tido nenhuma experiência com tais grupos. A marca de um bom líder de exercícios bioenergéticos está em sua capacidade de adaptar os exercícios às necessidades e possibilidades do grupo.

A maioria das aulas são mistas, apesar das classes com participantes de um único sexo serem também de grande valor. Nestes grupos uniformes, especialmente quando pequenos e com encontros regulares, o líder obtém a necessária aceitação dos membros do seu próprio sexo. Geralmente, têm a qualidade de uma situação de terapia em grupo. E quando fazem parte de um programa da terapia em grupo, facilitam muito a abertura para sentimentos e para a comunicação. O trabalho corporal em bioenergética leva todas as pessoas a entrarem em contato com as bases da vida — respiração, movimento, sentimento e expressão.

Geralmente as aulas seguirão a mesma ordem dos exercícios-padrão. Entretanto é importante variar de tempos em tempos, para evitar a monotonia da rotina. Você também pode improvisar nos exercícios-padrão, seguindo as linhas bioenergéticas básicas. Nós não incluímos todos os exercícios que usamos e estamos constantemente imaginando novos para ir ao encontro das necessidades dos participantes ou das nossas próprias. Muitos exercícios são criados a partir da experiência pessoal.

Dependendo da força do ego dos membros do grupo, você pode incluir os exercícios de auto-expressão. Nas mãos de um líder qualificado e competente, são poderosos libertadores de tensão.

Os exercícios de massagem, acreditamos, devem ser parte integral do programa de exercícios, se o tempo o permitir. As pessoas gostam de se ajudar. O contato físico ampliar a intimidade e unidade do grupo. Algumas pessoas têm objeções quanto a tocar ou serem tocadas, e devem ser respeitadas pelo líder e pelos outros membros do grupo. Essas objeções estão baseadas no medo e normalmente vão desaparecendo no curso do tempo, depois que as pessoas observam as outras tocarem e serem tocadas.

Um programa de exercícios para uma classe avançada deve incluir alguns dos exercícios sexuais. A não ser que as tensões pélvicas sejam liberadas e os sentimentos sexuais tenham abertura para se manifestarem, o corpo não pode retomar sua graça e vitalidade naturais. Nós indicamos, repetidas vezes, que todas as vibrações acabarão por envolver a pelve, se elas se desenvolverem completamente e levarem a movimentos pélvicos espontânos. Estar vibrantemente vivo é estar sexualmente vivo.

Concluindo, gostaríamos de tecer algumas considerações sobre o papel destes exercícios na sua vida. Eles não são uma simples brincadeira. O exercitar-se pode ser prazeroso porque faz com que a pessoa sinta-se bem, mas é uma medida preventiva como escovar os dentes, por exemplo. As conseqüências da falta de atenção ao corpo são sérias.

Contudo, estes exercícios de bioenergética, embora sendo de valor, não substituem uma vida saudável. Para se estar vibrantemente vivo, é necessário se sentir bem com relação à própria vida, ter satisfação no trabalho e ter prazer nos contatos pessoais.

Temos a responsabilidade de cuidarmos de nós mesmos. Não podemos abusar de comida, álcool e fumo e esperar que os exercícios nos mantenham com uma saúde esplêndida. Uma pessoa interessada por seu corpo tenta comer inteligente e nutritivamente. Tenta dormir o suficiente, evita tensões desnecessárias e se dá tempo para respirar e sentir a si próprio.

Esperamos que estes exercícios lhe possibilitem estar mais presente como pessoa em todas as situações, isto é, mais incorporado em suas respostas. Sabemos que o ajudarão a enfrentar melhor as pressões (*stresses*) da vida moderna. Mas fazer os exercícios de bioenergética em casa ou nas aulas não substitui outras atividades físicas importantes. Estar em contato com seu corpo deve alertá-lo para as necessidades de se comprometer com outras atividades corporais prazerosas. Entre estas, a mais simples é andar. Andar por prazer, não somente para ir a algum lugar. A mais gostosa e alegre, além do sexo, é dançar. É uma pena que façamos isto tão pouco. Se você não é tão jovem e não gosta muito de *rock*, recomendamos a música folclórica ou a dança "quadrada". A atividade corporal mais saudável é a natação. Nadando, o corpo está livre da força da gravidade, e a respiração e o movimento têm de estar coordenados.

A meta do trabalho bioenergético é ajudar a pessoa a "se deixar levar" pelo prazer. O prazer é uma resposta corporal. A capacidade para o prazer é uma função da vitalidade do corpo, ou seja, de quão vibrantemente vivo está o corpo.

leia também

BIOENERGÉTICA

Alexander Lowen

A Bioenergética é uma técnica terapêutica que ajuda o indivíduo a reencontrar-se com o seu corpo e a tirar o mais alto grau de proveito possível da vida que há nele. Inclui as mais elementares funções básicas como a respiração, o movimento, o sentimento e a auto-expressão, até chegar à sexualidade.

REF. 10141 ISBN 85-323-0141-X

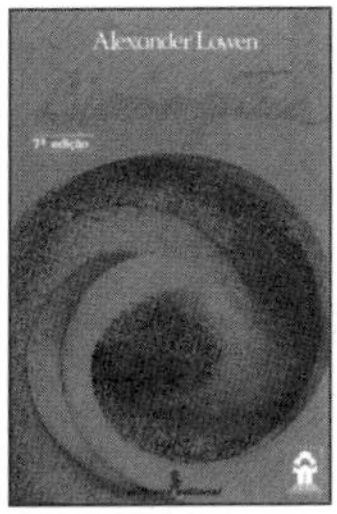

AMOR, SEXO E SEU CORAÇÃO

Alexander Lowen

A relação entre o amor e o coração é mais que simbólica, é real. Emoções reprimidas, conflitos sexuais não resolvidos, bem como mágoas psíquicas profundas podem enrijecer o peito e formar uma couraça. Lowen esboça sua tese revolucionária mediante casos verídicos, aplicando os princípios de Reich e analisando os efeitos do trauma emocional sobre o corpo. O livro demonstra como proteger o coração e, ao mesmo tempo, alcançar uma vida amorosa pacífica e gratificante.

REF. 10053 ISBN 85-323-0053-7

SEXO, REICH E EU

EDIÇÃO REVISTA E AMPLIADA

J. A. Gaiarsa

Este texto é uma reflexão sobre questões de sexualidade, no qual o autor faz inclusive depoimentos pessoais, tocantes e honestos. Embora seja a quinta edição da obra, ela está maior, pois foi acrescida de partes de um outro livro. Para leigos e profissionais da área.

REF. 20889 ISBN 85-7183-889-5

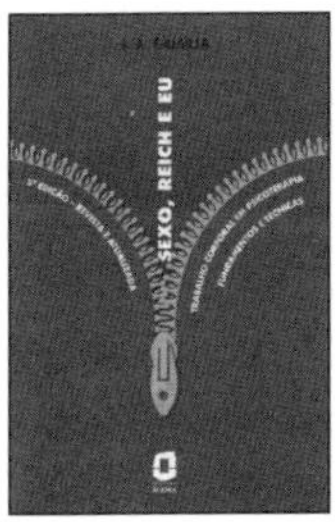

A FAMÍLIA DE QUE SE FALA E A FAMÍLIA DE QUE SE SOFRE

EDIÇÃO REVISTA E AMPLIADA

J. A. Gaiarsa

A proposta deste livro é repensar nossa forma de relacionamento com a família e a forma como educamos crianças, eliminando suas melhores qualidades em nome da "normalidade". Apesar de estar na oitava edição, é uma versão completamente remodelada com o acréscimo de textos de outro livro: *Poder e prazer*.

REF. 20890 ISBN 85-7183-890-9

IMPRESSO NA GRÁFICA sumago
sumago gráfica editorial ltda
rua itauna, 789 vila maria
02111-031 são paulo sp
tel e fax 11 **2955 5636**
sumago@sumago.com.br

dobre aqui

Carta-
-resposta

9912200760/DR/SPM
Summus Editorial Ltda.

CORREIOS

CARTA-RESPOSTA

NÃO É NECESSÁRIO SELAR

O SELO SERÁ PAGO POR

grupo
editorial
summus

AC AVENIDA DUQUE DE CAXIAS
01214-999 São Paulo/SP

dobre aqui

EDITORA ÁGORA

CADASTRO PARA MALA DIRETA

Recorte ou reproduza esta ficha de cadastro, envie-a completamente preenchida por correio ou fax, e receba informações atualizadas sobre nossos livros.

Nome: ______ Empresa: ______
Endereço: ☐ Res. ☐ Com. ______ Bairro: ______
CEP: ______-______ Cidade: ______ Estado: ______ Tel.: ( ) ______
Fax: ( ) ______ E-mail: ______ Data de nascimento: ______
Profissão: ______ Professor? ☐ Sim ☐ Não Disciplina: ______

1. Onde você compra livros?

☐ Livrarias ☐ Feiras
☐ Telefone ☐ Correios
☐ Internet ☐ Outros. Especificar: ______

2. Onde você comprou este livro?

______

3. Você busca informações para adquirir livros por meio de:

☐ Jornais ☐ Amigos
☐ Revistas ☐ Internet
☐ Professores ☐ Outros. Especificar: ______

4. Áreas de interesse:

☐ Psicologia ☐ Comportamento
☐ Crescimento Interior ☐ Saúde
☐ Astrologia ☐ Vivências, Depoimentos

5. Nestas áreas, alguma sugestão para novos títulos?

______
______

6. Gostaria de receber o catálogo da editora? ☐ Sim ☐ Não

7. Gostaria de receber o Ágora Notícias? ☐ Sim ☐ Não

cole aqui

Indique um amigo que gostaria de receber a nossa mala direta.

Nome: ______ Empresa: ______
Endereço: ☐ Res. ☐ Coml. ______ Bairro: ______
CEP: ______-______ Cidade: ______ Estado: ______ Tel.: ( ) ______
Fax: ( ) ______ E-mail: ______ Data de nascimento: ______
Profissão: ______ Professor? ☐ Sim ☐ Não Disciplina: ______

Editora Ágora
Rua Itapicuru, 613 7º andar 05006-000 São Paulo - SP Brasil Tel. (11) 3872-3322 Fax (11) 3872-7476
Internet: http://www.editoraagora.com.br e-mail: agora@editoraagora.com.br